O TEXTO E A CONSTRUÇÃO DOS SENTIDOS

O TEXTO
E A CONSTRUÇÃO
DOS SENTIDOS

INGEDORE G. VILLAÇA KOCH

Copyright © 1997 Ingedore Villaça Koch
Todos os direitos desta edição reservados à
Editora Contexto (Editora Pinsky Ltda.)

Composição
FA Fábrica de Comunicação/Texto & Arte Serviços Editoriais

Revisão
Vera Lúcia Quintanilha/Texto & Arte Serviços Editoriais

Capa
Antonio Kehl

Dados Internacionais de Catalogação na Publicação (CIP)
(Câmara Brasileira do Livro, SP, Brasil)

Koch, Ingedore Grunfeld Villaça
O texto e a construção dos sentidos / Ingedore Koch. –
10. ed., 9ª reimpressão. – São Paulo : Contexto, 2024.

Bibliografia
ISBN 978-85-7244-068-4

1. Fala 2. Linguagem 3. Textos I. Título II. Série

97-1799   CDD-415

Índices para catálogo sistemático:
1. Linguística textual 415
2. Sentidos: Linguística 415
3. Texto: Linguística 415

2024

EDITORA CONTEXTO
Diretor editorial: *Jaime Pinsky*

Rua Dr. José Elias, 520 – Alto da Lapa
05083-030 – São Paulo – SP
PABX: (11) 3832 5838
contato@editoracontexto.com.br
www.editoracontexto.com.br

Proibida a reprodução total ou parcial.
Os infratores serão processados na forma da lei.

SUMÁRIO

Introdução	7
Parte I: A Construção Textual do Sentido	9
A Atividade de Produção Textual	11
O Texto: Construção de Sentidos	25
Atividades e Estratégias de Processamento Textual	31
A Construção dos Sentidos no Texto: Coesão e Coerência	45
A Construção dos Sentidos no Texto: Intertextualidade e Polifonia	59
Parte II: A Construção do Sentido no Texto Falado	75
A Natureza da Fala	77
Atividades de Construção do Texto Falado: Tipos e Funções	83

Tematização e Rematização: Estratégias
de Construção do Texto Falado   93

A Repetição como Estratégia de
Construção do Texto Falado   123

A Dinamicidade dos Tópicos no Texto
Conversacional: Digressão e Coerência   147

Bibliografia   159

A Autora no Contexto   167

INTRODUÇÃO

O processo de produção textual, no quadro das teorias
sociointeracionais da linguagem, é concebido como atividade
interacional de sujeitos sociais, tendo em vista a realização de
determinados fins.

As teorias sociointeracionais reconhecem a existência de um
sujeito planejador/organizador que, em sua inter-relação com outros
sujeitos, vai construir um texto, sob a influência de uma complexa
rede de fatores, entre os quais a especificidade da situação, o jogo de
imagens recíprocas, as crenças, convicções, atitudes dos interactantes, os conhecimentos (supostamente) partilhados, as expectativas
mútuas, as normas e convenções socioculturais. Isso significa que
a construção do texto exige a realização de uma série de atividades cognitivo-discursivas que vão dotá-lo de certos elementos,
propriedades ou marcas, os quais, em seu inter-relacionamento,
serão responsáveis pela produção de sentidos.

É ao estudo de tais atividades discursivas e de suas marcas na
materialidade linguística que se destina a presente obra. Na primeira parte, trato de questões gerais relativas à produção do sentido,
comuns, portanto, às modalidades escrita e falada da língua; na
segunda, detenho-me no estudo da construção dos sentidos no
texto falado.

Os capítulos que compõem este livro constituem versões mais ou menos próximas de trabalhos publicados em revistas especializadas e/ou apresentados em congressos, que discutem questões centrais referentes à construção textual dos sentidos e que se interligam teórica e metodologicamente, formando o todo que aqui apresento e que submeto à apreciação dos leitores, cujas críticas e sugestões serão sempre bem-vindas.

PARTE I

A CONSTRUÇÃO TEXTUAL DO SENTIDO

A ATIVIDADE DE PRODUÇÃO TEXTUAL

Segundo as teorias da atividade verbal, o texto resulta de um tipo específico de atividade a que autores alemães denominam "*Sprachliches Handeln*", entendendo por *handeln* todo tipo de influência consciente, teleológica e intencional de sujeitos humanos, individuais ou coletivos, sobre seu ambiente natural e social. Dessa forma, *Sprachliches Handeln* diz respeito à realização de uma atividade verbal, numa situação dada, com vistas a certos resultados.

A escola psicológica e psicolinguística soviética, por sua vez, baseada em Vigotsky, emprega o termo "dejatel'nost" para designar o complexo conjunto de processos postos em ação para a consecução de determinado resultado, que é, ao mesmo tempo, o motivo da atividade, ou seja, aquilo por meio do que se concretiza uma necessidade do sujeito (Serébrennikov, 1933:60). Consequentemente, tal atividade pode articular-se em três aspectos: **motivação**, **finalidade** e **realização**. Diz Leont'ev (1971:31):

"Surge de uma necessidade. Depois, planificamos a atividade, fazendo uso de meios sociais – os signos – ao determinar sua meta e eleger os meios adequados à sua realização. Finalmente, a realizamos, e com isso alcançamos os resultados visados. Cada ato da atividade compreende, pois, a unidade dos três aspectos: começa com um motivo e um plano, e termina com um resultado, com a consecução da meta prevista no início; mas, nesse meio, há um sistema dinâmico de ações e operações concretas orientadas para essa meta".

Leont'ev (1974) ressalta que tais ações e operações, que constituem a atividade verbal, estão inseridas em um processo social – o que permite considerar a linguagem enquanto atividade determinada pelos fatores sociais.

Ora, toda atividade pressupõe a existência de uma estruturação interna, a qual, segundo Leont'ev (1971), "se expressa sobretudo no fato de que o processo da atividade consta de ações individuais (...). As mesmas ações podem pertencer a diferentes atividades e vice-versa: o mesmo resultado pode ser alcançado por meio de diferentes ações". Tais ações, que presidem a estruturação ou atividade, e que possuem também determinação social (e psicoindividual), articulam-se por sua vez em operações específicas, que são os meios de realização das ações individuais, em virtude da motivação própria de cada uma delas. Enquanto as ações têm caráter "psíquico", as operações são fundamentalmente psicofisiológicas (na atividade verbal, por exemplo, as operações de fonação, articulação etc.).

Toda atividade humana, portanto, teria os seguintes aspectos fundamentais:

a. existência de uma necessidade/interesse;
b. estabelecimento de uma finalidade;
c. estabelecimento de um plano de atividade, formado por ações individuais;
d. realização de operações específicas para cada ação, de conformidade com o plano prefixado;

e. dependência constante da situação em que se leva a cabo a atividade, tanto para a planificação geral como para a realização das ações e a possível modificação do processo no decurso da atividade (troca das ações previstas por outras, de acordo com mudanças produzidas na situação).

A TEORIA DA ATIVIDADE VERBAL

A **teoria da atividade verbal** (teorija recevoj dejatel'nosti) é, portanto, a adaptação ao fenômeno "linguagem" de uma teoria da atividade de caráter filosófico, articulada com uma teoria da atividade (social) humana, que se especifica em uma teoria da atividade (comunicativa) verbal.

A atividade verbal é definida por Leont'ev (1971) como "... uma atividade (...) do ser humano que se transmite até certo grau mediante os signos de uma língua (cuja característica fundamental é a utilização produtiva e receptiva dos signos da língua). Em sentido restrito, deve-se entendê-la como uma atividade na qual o signo linguístico atua como 'estímulo' (Vygotsky), uma atividade, portanto, em cujo transcurso construímos uma expressão linguística para alcançar um objetivo prefixado."

O que interessa, assim, ao estudo propriamente linguístico são as formas de organização da linguagem para a realização de fins sociais (o que inclui, evidentemente, o estudo do sistema de signos de que nos valemos). Isto é, seu objetivo é verificar **como se conseguem realizar determinadas ações ou interagir socialmente através da linguagem** (que é, em essência, também a preocupação da **teoria dos atos de fala** de Austin, Searle e suas variantes).

A realização linguística da atividade verbal depende das condições sociais e psicológicas, além de vir determinada pelo

motivo básico da atividade, e utiliza diversos meios como:
a. seleção de palavras; **b.** passagem do programa à sua realização; **c.** projeto gramatical; **d.** tradução e comparação de variantes sintáticas; **e.** fixação e reprodução dos compromissos gramaticais, unidos à programação motora (fisiológica) (Leont'ev, 74).

Quanto ao modo como o conjunto da atividade e do seu entorno sociopsicológico influi na forma específica da expressão linguística, ele destaca:

Fatores que determinam a intervenção verbal (isto é, aquilo que leva à realização de determinado ato verbal):

- **motivação** – geralmente não há um motivo único, mas um conjunto de motivos, embora seja possível destacar o motivo central ou dominante;
- **situação** – que inclui um conjunto de influências internas que afetam um organismo e que, juntamente com a motivação inicial, informam com precisão esse organismo quanto às escolhas que deve realizar; e também a situação objetiva (situação propriamente dita) e a informação sobre situações distintas nas quais se realizaram outras atividades;
- **prova de probabilidades** – que determina quais, entre as diversas ações possíveis (integrantes de uma atividade completa), têm mais possibilidade de produzir os frutos desejados;
- **tarefa-ação** – segundo a qual se seleciona a ação que terá mais probabilidade de êxito; consiste fundamentalmente em nosso próprio conhecimento da estrutura e da finalidade de toda a atividade, isto é, trata-se de projetar uma das ações (aquela que, de acordo com o "cálculo de

probabilidades", tem a maior probabilidade de êxito) para cumprir seu papel específico dentro do conjunto de ações em que se articula a atividade.

Sob a influência de tais fatores, o sujeito idealiza o **plano geral do texto**, que determina a organização interna deste, antes de passar à sua realização mediante unidades linguísticas.

Já os fatores que determinam a **realização verbal da intenção verbal**, ou seja, os aspectos especificamente "superficiais", são, segundo Leont'ev:

- a língua particular em que se realiza o enunciado, isto é, o sistema linguístico de uma dada língua;
- o grau de domínio da língua;
- o fator funcional-estilístico, que determina a escolha dos meios linguísticos mais adequados dentre todas as possibilidades existentes, de acordo com as condições específicas em que se realiza a comunicação. É responsável, por exemplo, pela seleção da forma dialogada ou monologada, escrita ou falada, do tipo de texto etc., assim como dos aspectos tradicionalmente considerados "estilísticos";
- o fator afetivo, expressivo;
- as diferenças individuais em experiência verbal entre falante e ouvinte, que exigem determinadas estratégias por parte do falante na seleção das formas linguísticas, de acordo com as necessidades e possibilidades do ouvinte;
- o contexto verbal, no sentido de "contexto linguístico";
- a situação comunicativa.

Em resumo: A linguagem é uma forma de atividade e, assim sendo, deve ser encarada como uma atividade em geral, e, mais especificamente, como uma atividade humana. Como tal, toda atividade verbal possui, além da **motivação**, um **conjunto de operações**, que são próprias do sistema linguístico e que representam a articulação das ações individuais em que se estrutura a atividade, e um **objetivo final** que, como o motivo inicial, tem um caráter basicamente linguístico. No processo de realização da atividade mediante **ações verbais** (atos verbais), é preciso distinguir duas fases: a estruturação da motivação inicial e a realização superficial dessa motivação. Em ambas, é preciso ter em conta os determinantes não linguísticos, fundamentalmente de caráter psicossocial, devendo, inclusive, a manifestação superficial explicar-se, em grande parte, por tais fatores.

Algumas Propostas no Interior da Linguística Textual

1. Dentro da teoria da atividade verbal, uma das primeiras tentativas de elaboração de um modelo textual foi desenvolvida por H. Isenberg (1976), que propôs um método apto para descrever a geração (e também a interpretação e análise) de um texto, desde a estrutura pré-linguística da intenção comunicativa até a manifestação superficial, incluindo fundamentalmente as estruturas sintáticas, mas que pode ser ampliado aos níveis inferiores (morfológico, fonológico etc.). Para ele, o texto pode ser encarado sob oito aspectos diferentes:

- **legitimidade social** – texto como manifestação de uma atividade social legitimada pelas condições sociais;
- **funcionalidade comunicativa** – texto como unidade de comunicação;
- **semanticidade** – texto em sua função referencial com a realidade;

- **referência à situação** – texto como reflexo de traços da situação comunicativa;
- **intencionalidade** – texto como uma forma de realização de intenções;
- **boa formação** – texto como sucessão linear coerente de unidades linguísticas; unidade realizada de acordo com determinados princípios;
- **boa composição** – texto como sucessão de unidades linguísticas selecionadas e organizadas segundo um plano de composição;
- **gramaticalidade** – texto como sucessão de unidades linguísticas estruturadas segundo regras gramaticais.

O estudo do texto em sua totalidade deve considerar os oito aspectos, embora o autor tenha dedicado seu trabalho apenas aos aspectos 6, 7 e 8. Cada um deles pode dar origem a uma teoria parcial, de modo que os oito, em conjunto, permitiriam o estudo – necessariamente interdisciplinar – do texto linguístico. Os vários aspectos são apresentados numa ordem tal que cada um deles pressupõe os anteriores, sendo 1 e 2 pressupostos básicos: existe, em primeiro lugar, a necessidade social, para cuja realização se elabora um texto, cujo conteúdo se fixa de acordo com a situação comunicativa e a intenção do falante; passo a passo chega-se ao nível superficial do "texto" em forma de elementos linguísticos sucessivos. Para o estudo de cada aspecto, é preciso ter em conta os anteriores; assim, por exemplo, **uma descrição adequada da gramaticalidade deverá levar em conta a intenção**.

Isenberg ressalta a importância do aspecto pragmático como determinante do sintático e do semântico: o plano geral do texto determina as funções comunicativas que nele irão aparecer e estas, por sua vez, determinam as estruturas superficiais. A relação existente entre os elementos do texto deve-se à intenção do falante, ao seu plano textual prévio, que se manifesta por meio de instruções ao ouvinte para que realize operações cognitivas destinadas a compreender o texto em sua integridade, isto é, o seu conteúdo e o seu plano global; ou seja, o ouvinte não se limita a "entender" o texto no sentido de captar seu conteúdo referencial, mas atua no sentido de reconstruir os propósitos do falante ao estruturá-lo, isto é, descobrir o "para quê" do texto.

2. Também os trabalhos de Van Dijk, especialmente os da década de 80, enquadram-se numa teoria acional da linguagem. Em Van Dijk (1981:210), por exemplo, lê-se "... o planejamento pragmático de um discurso ou conversação requer a atualização mental de um conceito de ato de fala global. É com respeito a esse macroato de fala que se constrói o **propósito** da interação: que X quer saber ou fazer algo. Se dissermos, de maneira bastante vaga, embora familiar nas ciências sociais, que a ação humana é finalisticamente orientada ("goal directed"), estaremos significando que sequências de ações (...) são realizadas sob o controle efetivo de uma macrointenção ou plano, encaixado numa macrofinalidade, para um ou mais atos globais. Enquanto tal macropropósito é a representação das consequências desejadas de uma ação (...), a macrointenção ou plano é a representação conceitual do estado final, isto é, do resultado da macroação. Sem um macropropósito e uma macrointenção, seríamos incapazes de decidir qual ato de fala concreto poderia propiciar um estado a partir do qual o resultado pretendido e a meta intencionada poderiam ser alcançados."

3. Schmidt (1971:33) escreve, acerca da **teoria do ato verbal**: "A linguagem... já não é considerada primariamente como

sistema de signos, denotativo, mas como **sistema de atividades** ou **de operações**, cuja estrutura consiste em realizar, com a ajuda de um repertório aberto de variáveis (...) e um repertório fechado de regras, determinadas operações ordenadas, a fim de conseguir um determinado objetivo, que é informação, comunicação, estabelecimento de contato, automanifestação, expressão e (per)formação da atividade. Por isso é que propõe, para os "jogos verbais" de Wittgenstein, a denominação "jogos de atuação comunicativa".

4. Wunderlich (1978:30), por sua vez, assinala: "O objetivo da teoria da atividade é extrair os traços comuns das ações, planos de ação e estágios das ações, e pô-los em relação com traços comuns dos sistemas de normas, conhecimentos e valores. A análise do conceito de atividade (o que é atividade/ação) está estreitamente ligada à análise do conhecimento social sobre as ações ou atividades (o que se **considera** uma ação?). A teoria da atividade é, portanto, em parte uma disciplina de orientação das ciências sociais, em parte, também, filosófica e de metodologia da Ciência. A relação com a linguística está em que o fundamento pragmático da teoria da linguagem deve enlaçar-se com a teoria da atividade e que, por sua vez, a análise linguística pode contribuir de alguma forma para o desenvolvimento da teoria da atividade".

5. Beaugrande & Dressler (1981), por seu turno, afirmam: "A produção e a recepção de textos funcionam como **ações discursivas** relevantes para algum plano ou meta". (cf. as ações verbais de Leont'ev). Partindo da definição de Von Wright (1967): "ação é um ato intencional que transforma uma situação de uma forma como, de outro modo, não teria ocorrido", descrevem a ação discursiva em termos das modificações que ela efetua sobre a situação e sobre os vários estados dos participantes: estado de conhecimento, social, emocional etc. Entre todas as mudanças que ocorrem por meio de um discurso, o foco de cada participante recai sobre aqueles estados que são instrumentais para os seus planos, com vistas a determinado objetivo. Deste modo, os estados são processados através de sua **vinculação** a um plano, isto é, pelo encaixamento das ações numa sequência planejada de estados ("plan attachement").

Seu trabalho, portanto, insere-se também nos quadros de uma teoria da atividade. Dizem eles que a primeira fase da produção de textos consiste usualmente no planejamento: o produtor tem a intenção de atingir determinada meta via texto, de modo que a produção deste é uma submeta no trajeto para o atingimento do objetivo principal.

Definindo o discurso como uma sequência de situações ou eventos em que vários participantes apresentam textos como **ações discursivas**, Beaugrande & Dressler consideram a atividade verbal como uma instância de planejamento interativo. Por isso, incluem, entre os critérios ou padrões de textualidade, a **intencionalidade/ aceitabilidade**. Segundo eles, a intencionalidade, em sentido estrito e imediato, diz respeito ao propósito dos produtores de textos de fazer com que o conjunto de ocorrências verbais possa constituir um instrumento textual coesivo e coerente, capaz de realizar suas intenções, isto é, atingir uma meta especificada em um plano; em sentido amplo, abrange todas as maneiras como os sujeitos usam textos para perseguir e realizar seus objetivos.

A aceitabilidade, por sua vez, refere-se à atitude cooperativa (cf. Grice) dos interlocutores, ao concordarem em "jogar o jogo", de acordo com as regras e encaram, **em princípio**, a contribuição do parceiro como coerente e adequada à realização dos objetivos visados.

Para esses autores, embora a coesão e a coerência constituam os padrões mais evidentes de textualidade, não são, por si só, suficientes para estabelecer fronteiras absolutas entre textos e não textos, já que as pessoas muitas vezes utilizam textos que, por várias razões, não se apresentam totalmente coesos e/ou coerentes. É isso que os leva a incluir as atitudes dos usuários entre os critérios de textualidade: para que uma manifestação linguística constitua um texto, é necessário que haja a intenção do produtor de apresentá-la – e a dos parceiros de aceitá-la como tal –, em uma situação de comunicação determinada. Pode, inclusive, acontecer que, em certas circunstâncias, se afrouxe ou elimine deliberadamente a coesão e/ou coerência semântica do texto com o objetivo de produzir efeitos específicos. Aliás, nunca é demais lembrar que a coerência não constitui uma propriedade ou qualidade do texto em si: um texto é coerente para alguém, em dada situação de comunicação específica (cf., por ex., Van Dijk, 1983; Koch & Travaglia, 1989 e 1990). Este alguém, para construir a coerência, deverá levar em conta não só os elementos linguísticos que compõem o texto, mas também seu conhecimento enciclopédico, conhecimentos e imagens mútuas, crenças, convicções, atitudes, pressuposições, intenções explícitas ou veladas, situação comunicativa imediata, contexto sociocultural e assim por diante.

6. Motsch & Pasch (1987) concebem o texto como uma sequência hierarquicamente organizada de atividades realizadas pelos interlocutores. Segundo eles, componentes da **atividade linguística** (AL) reúnem-se na seguinte fórmula:

al = (e, int., cond., cons.)

em que **e** representa a enunciação, **int.**, a intenção do anunciador de atingir determinado objetivo, **cond.**, as condições necessárias para que esse objetivo seja alcançado, e **cons.**, as consequências decorrentes do atingimento do objetivo.

De acordo com essa fórmula, a enunciação (**e**) é movida por uma intenção (**int.**) do enunciador de atingir determinado objetivo ilocucional em relação ao enunciatário. Para atingir um objetivo fundamental (OBf), o enunciador precisa atingir um outro (OBf-1), anterior e subordinado àquele: que o enunciatário aceite, isto é, esteja disposto a mostrar a reação pretendida pelo enunciador ou, ainda, que o enunciatário queira que o enunciador atinja o OBf. E, finalmente, para que a aceitação ocorra, um outro objetivo (OBf-2), anterior e subordinado a OBf-1, precisa ser alcançado: que o enunciatário reconheça a intenção do enunciador, ou seja, compreenda qual é o objetivo que este persegue, o que depende da formulação adequada da enunciação.

Em outras palavras, de acordo com Motsch e Pasch, para alcançar o objetivo ilocucionário fundamental, exige-se que o enunciador assegure ao enunciatário as condições para que este reconheça sua intenção (compreendendo a formulação da enunciação) e aceite realizar o objetivo a que ele visa. Deste modo, o enunciador realiza o objetivo a que ele visa. Deste modo, o enunciador realiza atividades linguístico-cognitivas para garantir a compreensão e estimular, facilitar ou causar a aceitação. Da parte do enunciatário, para que a atividade ilocucional seja bem-sucedida, faz-se necessário que ele compreenda o objetivo do enunciador, aceite esse objetivo e mostre a reação desejada. Os autores, relacionando os **objetivos parciais** OBf-2 e OBf-1 com as **atividades de composição textual** (como fundamentar, justificar, explicar, completar, repetir, parafrasear, corrigir, resumir, enfatizar), distinguem duas categorias: **a)** as que visam a que o enunciatário compreenda a enunciação (OBf-2); **b)** as que pretendem levá-lo a aceitar realizar o objetivo fundamental do enunciador (OBf-1).

Hilgert (1990:9), comentando a proposta desses autores, relativamente às atividades de composição do texto falado (ou de **formulação "lato sensu"**), afirma que estas devem ser vistas como procedimentos de solução de problemas: "se, em sentido lato, admitir-se que as atividades de formulação são iniciativas de construção linguístico-comunicativa de um enunciador, para fornecer uma 'proposta de compreensão' ao enunciatário, em interação com o qual o processo comunicacional se realiza; e se, com Rath (1985:21), se considerar que 'na língua falada, um texto consiste, ao menos em parte, na própria produção do texto (...)', onde fenômenos específicos como interrupções, reinícios, correções, paráfrases, repetições e outros o apresentam em constante **status nascendi**; então se pode admitir que as atividades de formulação são desencadeadas por problemas – reais ou virtuais – de compreensão, detectados por ocasião do processamento textual. Em outras palavras, atividades de formulação são aqueles procedimentos a que recorrem os interlocutores para resolver, contornar, ultrapassar ou afastar dificuldades, obstáculos ou barreiras de compreensão."

O estudo das atividades de composição ou construção textual tem sido objeto de uma série de pesquisas, entre as quais as de Koch & Souza e Silva (1991, 1992, 1993); nas quais se propõe uma revisão de alguns posicionamentos de Motsch e Pasch e se apresenta uma proposta de classificação das atividades de construção do texto falado.

De todo o exposto, pode-se concluir que, vista sob essa perspectiva, a atividade de produção textual pressupõe um sujeito –

entidade psicofísico-social – que, em sua relação com outro(s) sujeito(s), constrói o objeto-texto, levando em consideração em seu planejamento todos os fatores acima mencionados, combinando-os de acordo com suas necessidades e seus objetivos. O(s) outro(s) sujeito(s) implicado(s) nessa atividade – e no próprio discurso do parceiro, já que a alteridade é constitutiva da linguagem – pode(m) ou não atribuir sentido ao texto, aceitá-lo como coeso e/ou coerente, considerá-lo relevante para a situação de interlocução e/ou capaz de produzir nela alguma transformação.

Na atividade de produção textual, social/individual, alteridade/subjetividade, cognitivo/discursivo coexistem e condicionam-se mutuamente, sendo responsáveis, em seu conjunto, pela ação dos sujeitos empenhados nos jogos de atuação comunicativa ou sociointerativa.

O TEXTO: CONSTRUÇÃO DE SENTIDOS

O Que É um Texto

É sabido que, conforme a perspectiva teórica que se adote, o mesmo objeto pode ser concebido de maneiras diversas. O conceito de texto não foge à regra. E mais: nos quadros mesmos da Linguística Textual, que tem no texto seu objeto precípuo de estudo, o conceito de texto varia conforme o autor e/ou a orientação teórica adotada.

Assim, pode-se verificar que, desde as origens da Linguística do Texto até nossos dias, o texto foi visto de diferentes formas. Em um primeiro momento, foi concebido como:

a. unidade linguística (do sistema) superior à frase;
b. sucessão ou combinação de frases;
c. cadeia de pronominalizações ininterruptas;
d. cadeia de isotopias;
e. complexo de proposições semânticas.

Já no interior de orientações de natureza pragmática, o texto passou a ser encarado:

a. pelas teorias acionais, como uma sequência de atos de fala;
b. pelas vertentes cognitivistas, como fenômeno primariamente psíquico, resultado, portanto, de processos mentais; e

c. pelas orientações que adotam por pressuposto a teoria da atividade verbal, como parte de atividades mais globais de comunicação, que vão muito além do texto em si, já que este constitui apenas uma fase desse processo global.

Desta forma, o texto deixa de ser entendido como uma estrutura acabada (produto), passando a ser abordado no seu próprio processo de planejamento, verbalização e construção. Combinando esses últimos pontos de vista, o texto pode ser concebido como resultado parcial de nossa atividade comunicativa, que compreende processos, operações e estratégias que têm lugar na mente humana, e que são postos em ação em situações concretas de interação social. Defende-se, portanto, a posição de que:

a. a produção textual é uma atividade verbal, a serviço de fins sociais e, portanto, inserida em contextos mais complexos de atividades (cf. capítulo anterior);
b. trata-se de uma atividade consciente, criativa, que compreende o desenvolvimento de estratégias concretas de ação e a escolha de meios adequados à realização dos objetivos; isto é, trata-se de uma atividade intencional que o falante, de conformidade com as condições sob as quais o texto é produzido, empreende, tentando dar a entender seus propósitos ao destinatário através da manifestação verbal;
c. é uma atividade interacional, visto que os interactantes, de maneiras diversas, se acham envolvidos na atividade de produção textual.

Dessa perspectiva, então, podemos dizer, numa primeira aproximação, que textos são resultados da atividade verbal de indivíduos socialmente atuantes, na qual estes coordenam suas ações no intuito de alcançar um fim social, de conformidade com as condições sob as quais a atividade verbal se realiza.

Poder-se-ia, assim, conceituar o texto como uma manifestação verbal constituída de elementos linguísticos selecionados e ordenados pelos coenunciadores, durante a atividade verbal, de modo a permitir-lhes, na interação, não apenas a depreensão de conteúdos semânticos, em decorrência da ativação de processos e estratégias de ordem cognitiva, como também a interação (ou atuação) de acordo com práticas socioculturais (cf. Koch, 1992).

É esta também a posição de Schmidt (1978:170), para quem o texto é "qualquer expressão de um conjunto linguístico numa atividade de comunicação – no âmbito de um 'jogo de atuação comunicativa' – tematicamente orientado e preenchendo uma função comunicativa reconhecível, ou seja, realizando um potencial ilocucionário reconhecível".

Em Marcuschi (1983:12-13), encontramos a seguinte "definição provisória" de Linguística Textual e de seu objeto, que também parece ajustar-se bem a essa linha de pensamento:

"Proponho que se veja a Linguística do Texto, mesmo que provisória e genericamente, como o *estudo das operações linguísticas e cognitivas reguladoras e controladoras da produção, construção, funcionamento e recepção de textos escritos ou orais.*"

Seu tema abrange a *coesão superficial* ao nível dos constituintes linguísticos, a *coerência conceitual* ao nível semântico e cognitivo e o sistema de pressuposições e implicações a nível pragmático da produção do sentido no plano das ações e intenções. Em suma, a Linguística Textual trata o texto como um ato de comunicação unificado num complexo universo de ações humanas. Por um lado deve preservar a *organização linear* que é o tratamento estritamente linguístico abordado no aspecto da coesão e, por outro, deve considerar a *organização reticulada* ou tentacular, não linear portanto, dos níveis de sentido e intenções que realizam a coerência no aspecto semântico e funções pragmáticas.

A Organização da Informação Textual

A informação semântica contida no texto distribui-se, como se sabe, em (pelo menos) dois grandes blocos: o *dado* e o *novo*, cuja disposição e dosagem interferem na construção do sentido.

A informação dada – aquela que se encontra no horizonte de consciência dos interlocutores (cf. Chafe, 1987) – tem por função estabelecer os pontos de ancoragem para o aporte da informação nova.

A retomada de informação já dada no texto se faz por meio de remissão ou referência textual (cf. Koch, 1989), formando-se destarte no texto as *cadeias coesivas*, que têm papel importante na organização textual, contribuindo para a produção do sentido pretendido pelo produtor do texto.

A remissão se faz, frequentemente, não a referentes textualmente expressos, mas a "conteúdos de consciência", isto é, a referentes estocados na memória dos interlocutores, que, a partir de "pistas" encontradas na superfície textual, são (re)ativados, via inferenciação. É o que se denomina *anáfora semântica* ou *anáfora profunda*, que será retomada no Capítulo 4. As inferências constituem estratégias cognitivas extremamente poderosas, que permitem estabelecer a ponte entre o material linguístico presente na superfície textual e os conhecimentos prévios e/ou compartilhados dos parceiros da comunicação. Isto é, é em grande parte através das inferências que se pode (re)construir os sentidos que o texto implicita.

Com ancoragem na informação dada, opera-se a progressão textual, mediante a introdução de informação nova, estabelecendo-se, assim, relações de sentido entre:

a. segmentos textuais de extensões variadas;
b. segmentos textuais e conhecimentos prévios;
c. segmentos textuais e conhecimentos e/ou práticas socioculturalmente partilhados.

Quer para a remissão, quer para a progressão textual, cada língua põe à disposição dos falantes uma série de recursos expressivos, comumente englobados sob o rótulo de *coesão textual* (cf. Koch, 1989). As relações entre segmentos textuais estabelecem-se em vários níveis:

1. No interior do enunciado, através da articulação tema-rema. A informação temática é normalmente dada, enquanto a remática constitui, em geral, informação nova. O uso de um ou outro tipo de articulação tema-rema (progressão com tema constante, progressão linear, progressão com tema derivado, progressão e subdivisão do rema etc.) tem a ver com o tipo de texto, com a modalidade (oral ou escrita), com os propósitos e atitudes do produtor.
2. Entre orações de um mesmo período ou entre períodos no interior de um parágrafo (encadeamento), por meio dos conectores interfrásticos, aqui considerados tanto aqueles que estabelecem relações de tipo lógico-semântico, como aqueles responsáveis pelo estabelecimento de relações discursivas ou argumentativas (cf. Koch, 1984, 1987 e 1989a).
3. Entre parágrafos, sequências ou partes inteiras do texto, por meio dos "articuladores textuais" ou também por mera justaposição.

Relações entre informação textualmente expressa e conhecimentos prévios e/ou partilhados podem ser estabelecidas por recurso à intertextualidade, à situação comunicativa e a todo o contexto sociocultural.

QUAL É, AFINAL, A PROPRIEDADE DEFINIDORA DO TEXTO?

Um texto se constitui enquanto tal no momento em que os parceiros de uma atividade comunicativa global, diante de uma manifestação linguística, pela atuação conjunta de uma complexa rede de fatores de ordem situacional, cognitiva, sociocultural e interacional, são capazes de construir, para ela, determinado sentido.

Portanto, à concepção de texto aqui apresentada subjaz o postulado básico de que **o sentido não está no texto**, mas se **constrói a partir dele**, no curso de uma interação. Para ilustrar essa afirmação, tem-se recorrido com frequência à metáfora do *iceberg*: como este, todo texto possui apenas uma pequena superfície exposta e uma imensa área imersa subjacente. Para se chegar às profundezas do implícito e dele extrair um sentido, faz-se necessário o recurso aos vários sistemas de conhecimento e a ativação de processos e estratégias cognitivas e interacionais.

Uma vez construído **um** – e não o – sentido, adequado ao contexto, às imagens recíprocas dos parceiros da comunicação, ao tipo de atividade em curso, a manifestação verbal será considerada coerente pelos interactantes (cf. Koch & Travaglia, 1989). E é a coerência assim estabelecida que, em uma situação concreta de atividade verbal – ou, se assim quisermos, em um "jogo de linguagem" – vai levar os parceiros da comunicação a identificar um texto como texto.

ATIVIDADES E ESTRATÉGIAS DE PROCESSAMENTO TEXTUAL

Dentro da concepção de lingua(gem) como atividade interindividual, o processamento textual, quer em termos de produção, quer de compreensão, deve ser visto também como uma **atividade** tanto de caráter linguístico, como de caráter sociocognitivo.

Ainda dentro dessa concepção, o texto é considerado como manifestação verbal, constituída de elementos linguísticos de diversas ordens, selecionados e dispostos de acordo com as virtualidades que cada língua põe à disposição dos falantes no curso de uma atividade verbal, de modo a facultar aos interactantes não apenas a produção de sentidos, como a fundear a própria interação como prática sociocultural.

Nessa atividade de produção textual, os parceiros mobilizam diversos sistemas de conhecimentos que têm representados na memória, a par de um conjunto de estratégias de processamento de caráter sociocognitivo e textual.

O objetivo deste capítulo é discutir algumas das questões ligadas ao processamento sociocognitivo de textos.

Sistemas de Conhecimento Acessados por Ocasião do Processamento Textual

Para o processamento textual contribuem três grandes sistemas de conhecimento: o linguístico, o enciclopédico e o interacional (cf. Heinemann & Viehweger, 1991).

O conhecimento linguístico compreende o conhecimento gramatical e o lexical, sendo o responsável pela articulação som-sentido. É ele o responsável, por exemplo, pela organização do material linguístico na superfície textual, pelo uso dos meios coesivos que a língua nos põe à disposição para efetuar a remissão ou a sequenciação textual, pela seleção lexical adequada ao tema e/ou aos modelos cognitivos ativados.

O conhecimento enciclopédico ou conhecimento de mundo é aquele que se encontra armazenado na memória de cada indivíduo, quer se trate de conhecimento do tipo declarativo (proposições a respeito dos fatos do mundo), quer do tipo episódico (os "modelos cognitivos" socioculturalmente determinados e adquiridos através da experiência). É com base em tais modelos, por exemplo, que se levantam hipóteses, a partir de uma manchete; que se criam expectativas sobre o(s) campo(s) lexical(ais) a ser(em) explorado(s) no texto; que se produzem as inferências que permitem suprir as lacunas ou incompletudes encontradas na superfície textual.

O conhecimento sociointeracional é o conhecimento sobre as ações verbais, isto é, sobre as formas de *inter-ação* através da linguagem. Engloba os conhecimentos do tipo ilocucional, comunicacional, metacomunicativo e superestrutural.

É o conhecimento ilocucional que permite reconhecer os objetivos ou propósitos que um falante, em dada situação de interação, pretende atingir. Trata-se de conhecimentos sobre *tipos de objetivos* (*ou tipos de atos de fala*), que costumam ser verbalizados por meio de enunciações características, embora seja também frequente sua realização por vias indiretas, o que exige dos interlocutores o conhecimento necessário para a captação do objetivo ilocucional.

O conhecimento comunicacional é aquele que diz respeito, por exemplo, a normas comunicativas gerais, como as máximas descritas por Grice (1969); à quantidade de informação necessária numa situação concreta para que o parceiro seja capaz de reconstruir o objetivo do produtor do texto; à seleção da variante linguística adequada a cada situação de interação e à adequação dos tipos de texto às situações comunicativas. É o que Van Dijk (1994) chama de *modelos cognitivos de contexto*.

O conhecimento metacomunicativo permite ao produtor do texto evitar perturbações previsíveis na comunicação ou sanar (*on-line ou a posteriori*) conflitos efetivamente ocorridos por meio da introdução no texto, de sinais de articulação ou apoios textuais, e pela realização de atividades específicas de formulação ou construção textual. Trata-se do conhecimento sobre os vários tipos de ações linguísticas que permitem, de certa forma, ao locutor assegurar a compreensão do texto e conseguir a aceitação, pelo parceiro, dos objetivos com que é produzido, monitorando com elas o fluxo verbal (cf. Motsch & Pasch, 1985).

O conhecimento superestrutural, isto é, sobre estruturas ou modelos textuais globais, permite reconhecer textos como exemplares de determinado gênero ou tipo; envolve, também, conhecimentos sobre as macrocategorias ou unidades globais que distinguem os vários tipos de textos, sobre a sua ordenação ou sequenciação, bem como sobre a conexão entre objetivos, bases proposicionais e estruturas textuais globais.

Heinemann & Viehweger (1991) salientam que, a cada um desses sistemas de conhecimento, corresponde um conhecimento específico sobre como colocá-lo em prática, ou seja, um conhecimento de tipo procedural, isto é, dos procedimentos ou rotinas por meio dos quais esses sistemas de conhecimento se atualizam quando do processamento textual. Este conhecimento funciona como uma espécie de "sistema de controle" dos demais sistemas, no sentido de adaptá-los ou adequá-los às necessidades dos interlocutores no momento da interação.

Tal conhecimento engloba, também, o saber sobre as práticas peculiares ao meio sociocultural em que vivem os interactantes, bem como o domínio das estratégias de interação, como preservação das faces, representação positiva do "self", polidez, negociação, atribuição de causas a mal-entendidos ou fracassos na comunicação, entre outras. Concretiza-se através de estratégias de processamento textual.

Estratégias de Processamento Textual

As estratégias de processamento textual implicam, portanto, a mobilização "on-line" dos diversos sistemas de conhecimento. Para efeito de exposição, vou dividi-las em **cognitivas, textuais** e **sociointeracionais**.

Estratégias cognitivas

Na acepção de Van Dijk & Kintsch (1983:65), o processamento cognitivo de um texto consiste de diferentes estratégias processuais, entendendo-se estratégia como "**uma instrução global para cada escolha a ser feita no curso da ação**". Tais estratégias consistem em hipóteses operacionais eficazes sobre a estrutura e o significado de um fragmento de texto ou de um texto inteiro. Elas fazem parte do nosso conhecimento geral, representando o conhecimento procedural que possuímos sobre compreensão de discurso. Falar em processamento estratégico significa dizer que os usuários da língua realizam simultaneamente em vários níveis passos interpretativos finalisticamente orientados, efetivos, eficientes, flexíveis, tentativos e extremamente rápidos; fazem pequenos cortes no material "entrante" (*incoming*), podendo utilizar somente informação ainda incompleta para chegar a uma (hipótese de) interpretação. Em outras palavras, a informação é processada *on-line*.

Assim, a análise estratégica depende não só de características textuais, como também de características dos usuários da língua, tais como seus objetivos, convicções e conhecimento de mundo, quer se trate de conhecimento de tipo episódico, quer do conhecimento mais geral e abstrato, representado na memória semântica ou enciclopédica. Desta forma, as estratégias cognitivas consistem em *estratégias de uso* do conhecimento. E esse uso, em cada situação, depende dos objetivos do usuário, da quantidade de conhecimento disponível a partir do texto e do contexto, bem como de suas crenças, opiniões e atitudes, o que torna possível, no momento da compreensão, reconstruir não somente o sentido intencionado pelo produtor do texto, mas também outros sentidos, não previstos ou mesmo não desejados pelo produtor.

Van Dijk & Kintsch citam, entre as estratégias de processamento cognitivo, as estratégias proposicionais, as de coerência local, as macroestratégias, as estratégias esquemáticas, as estilísticas, as retóricas, as não verbais e as conversacionais. Não cabe aqui aprofundar essas questões, para o que remeto ao trabalho desses autores.

Pode-se dizer, portanto, que as estratégias cognitivas, em sentido restrito, são aquelas que consistem na execução de algum "cálculo mental" por parte dos interlocutores. Exemplo prototípico são as inferências, que, como já foi dito, permitem gerar informação semântica nova a partir daquela dada, em certo contexto. Sendo a informação dos diversos níveis apenas em parte explicitada no texto, ficando a maior parte implícita, as inferências constituem estratégias cognitivas por meio das quais o ouvinte ou leitor, partindo da informação veiculada pelo texto e levando em conta o contexto (em sentido amplo), constrói novas representações mentais e/ou estabelece uma ponte entre segmentos textuais, ou entre informação explícita e informação não explicitada no texto.

As inferências são estratégias cognitivas comuns à modalidade escrita e falada. Existem, contudo, estratégias específicas da fala, como aquelas que venho denominando "estratégias de desaceleração" (cf. Koch & Souza e Silva, 1994), algumas das quais, como, por exemplo, as pausas de planejamento, têm por função ganhar tempo para o processamento por ocasião da produção textual.

As estratégias de ordem cognitiva têm, assim, a função de permitir ou facilitar o processamento textual, quer em termos de produção, quer em termos de compreensão. As estratégias interacionais, por sua vez, visam a fazer com que os jogos de linguagem transcorram sem problemas, evitando o fracasso da interação.

Estratégias sociointeracionais

Estratégias interacionais são estratégias socioculturalmente determinadas que visam a estabelecer, manter e levar a bom termo uma interação verbal. Entre elas, podem-se mencionar, além daquelas relativas à realização dos diversos tipos de atos de fala, as estratégias de preservação das faces ("facework") e/ou de representação positiva do "self", que envolvem o uso das *formas de atenuação*, as estratégias de polidez, de negociação, de atribuição de causas aos mal-entendidos, entre outras.

A *estratégia de preservação das faces* manifesta-se linguisticamente através de atos preparatórios, eufemismos, rodeios, mudanças de tópico e dos marcadores de atenuação em geral. O *grau de polidez* é socialmente determinado, em geral com base nos papéis sociais desempenhados pelos participantes, na necessidade de resguardar a própria face ou a do parceiro, ou, ainda, condicionado por normas culturais.

Conflitos, mal-entendidos, situações que desencadeiam incompreensão mútua são inevitáveis no intercâmbio linguístico. Para restabelecer a "commonality", faz-se preciso, então, que as dificuldades sejam devidamente identificadas e *atribuídas a possíveis causas* subjacentes ao conflito. Como consequência da atribuição (adequada ou inadequada) de causas às dificuldades, os contratos subjacentes necessitam ser, muitas vezes, modificados, ou então, novos contratos devem ser estabelecidos para prevenir futuros problemas do mesmo tipo. Além disso, toda interação envolve a *negociação* de uma definição da própria situação e das normas que a governam. Na verdade, todos os aspectos da situação relativos aos participantes estão sujeitos à negociação. Isso vai resultar numa construção social da realidade, já que, sendo a realidade social e constituída no processo contínuo de interpretação e interação, os seus vários aspectos podem ser considerados e (re)negociados de forma explícita ou implícita.

Portanto, as estratégias interacionais visam a levar a bom termo um "jogo de linguagem". As estratégias textuais, por seu turno – que, obviamente não deixam de ser também interacionais e cognitivas em sentido lato –, dizem respeito às escolhas textuais que os interlocutores realizam, desempenhando diferentes funções e tendo em vista a produção de determinados sentidos.

Estratégias textuais

1. De organização da informação.
2. De formulação.
3. De referenciação.
4. De "balanceamento" ("calibragem") entre **explícito** e **implícito**.

1. Estratégias de organização da informação – dizem respeito à distribuição do material linguístico na superfície textual.

- dado/novo

Conforme já foi ressaltado no Capítulo 2, a estrutura informacional de um texto exige a presença de elementos **dados** e elementos **novos**. É com base na informação dada, responsável pela locação do que vai ser dito no espaço cognitivo do interlocutor, que se introduz a informação nova, que tem por função introduzir nele novas predicações a respeito de determinados referentes, com o objetivo de ampliar e/ou reformular os conhecimentos já estocados a respeito deles.

- **estratégias de articulação tema-rema**

Em termos da articulação tema-rema, particularmente na linguagem falada, tem-se uma série de padrões expressivos em que se pode falar de **segmentação** (cf. Capítulo 3 da Parte II). Nestes, a integração sintática reduzida ou mesmo inexistente resulta da possibilidade que tem o falante de introduzir de imediato um elemento temático ou remático, sem que a relação sintática com o(s) subsequente(s) já esteja plenamente planejada (Koch, 1995).

Além do aspecto do planejamento, outros parâmetros da interação face a face desempenham aqui papel relevante: a rápida alternância dos turnos, a expressividade, a inserção na situação comunicativa, entre outros.

2. **Estratégias de formulação** – têm funções de ordem cognitiva-interacional. Entre tais estratégias, podem citar-se os vários tipos de *inserção* e de *reformulação* (cf. Capítulo 2 da Parte II).

As inserções têm, em geral, a função de facilitar a compreensão dos interlocutores, criando coordenadas para o estabelecimento de uma estrutura referencial, de modo que o material inserido não é supérfluo, isto é, não é eliminável sem prejuízo para a compreensão. Por meio da inserção, introduzem-se explicações ou justificativas, apresentam-se ilustrações ou exemplificações, fazem-se comentários metaformulativos que têm, muitas vezes, a função de melhor organizar o mundo textual. A inserção pode ter, também, a função de despertar ou manter o interesse dos parceiros, como no caso da introdução de questões retóricas (recurso persuasivo) e/ou criar uma atmosfera de intimidade ou cumplicidade, como acontece no caso da introdução de comentários jocosos ou alusivos a convicções, crenças e opiniões partilhadas pelos interlocutores. Pode, ainda, servir de suporte a uma argumentação em curso e/ou expressar a atitude do locutor perante o dito, introduzindo, por exemplo, atenuações, ressalvas, avaliações.

Quanto às estratégias de reformulação, postulamos que podem ser retóricas ou saneadoras. A reformulação retórica realiza-se, basicamente, através de repetições e parafraseamentos, cuja função precípua é a de reforçar a argumentação, sendo, nesse caso, comum às modalidades escrita e oral. Pode ter, também, a função de facilitar a compreensão através da desaceleração do ritmo da fala, dando ao(s) parceiro(s) tempo maior para o processamento do que está sendo dito (cf. Capítulo 4 da Parte II).

A reformulação saneadora, por sua vez, pode ocorrer sob forma de correções ou reparos, e também de repetições e paráfrases, todas elas com função de solucionar imediatamente após a verbalização de um segmento, dificuldades nele detectadas pelo próprio falante ou pelos parceiros, podendo, assim, ser auto – ou heterocondicionada.

3. Estratégias de referenciação – a reativação de referentes no texto é realizada através de estratégias de referenciação anafórica (Koch, 1987 e 1989 e outros), formando-se, desta maneira, cadeias coesivas mais ou menos longas. Aquelas que retomam referentes principais ou temáticos (por exemplo, protagonista e antagonista, na narrativa; ser que é objeto de uma descrição; tema de uma discussão, em textos opinativos) percorrem em geral o texto inteiro.

Como será detalhado no Capítulo 4, esse tipo de remissão pode ser efetuado por meio de recursos de ordem "gramatical" ou por intermédio de recursos de natureza lexical, como sinônimos, hiperônimos, nomes genéricos, descrições definidas; ou, ainda, por reiteração de um mesmo grupo nominal ou parte dele; e, finalmente, por meio da elipse.

Por vezes, a (re)ativação de referentes, a partir de "pistas" expressas no texto, se dá via inferenciação. Pode-se inferir, por exemplo, o todo a partir de uma ou de algumas partes; um conjunto a partir de um ou mais subconjuntos; enfim, conhecimentos que fazem parte de um mesmo "frame" ou "script", a partir de um ou vários de seus elementos explícitos na superfície textual. Eis alguns exemplos:

(1) *Mãos* finas e delicadas teciam as mais graciosas rendas, enquanto *olhos* e *lábios* pareciam sorrir suavemente.
(2) Jorge foi atacado pelo enorme cão policial. *Eles* são realmente animais muito perigosos.
(3) Ao ser abordada pelo assaltante, a bolsa da jovem abriu-se, e seus pertences espalharam-se pela calçada. O *lenço*, o *batom*, o *pente* rolaram para o meio da rua.

Há, também, a remissão para a frente – catáfora – que se realiza preferencialmente através de pronomes demonstrativos ou indefinidos neutros (isto, isso, aquilo, tudo, nada) ou de nomes genéricos, mas também por meio das demais espécies de pronomes, de numerais e de advérbios pronominais.

(4) O incêndio havia destruído *tudo*: casas, móveis, plantações.

Uma das formas de ativar ou reativar referentes são expressões nominais definidas, ou seja, as descrições definidas do referente. Ora, o uso de uma expressão definida implica sempre a escolha dentre as propriedades ou qualidades que caracterizam o referente, escolha esta que será feita de acordo com aquelas propriedades ou qualidades que, em dadas situações de interação, em função dos propósitos a serem atingidos, o produtor do texto tem interesse em ressaltar, ou mesmo tornar conhecidas de seu(s) interlocutor(es). Veja-se, por exemplo, a diferença entre (5) e (6):

(5) Collor preocupa-se em manter a forma. *O presidente* exercita-se todos os dias.
(6) Collor preocupa-se em manter a forma. *O nosso Indiana Jones* exercita-se todos os dias.

Como se vê, a escolha das descrições definidas pode trazer ao interlocutor informações importantes sobre as opiniões, crenças e atitudes do produtor do texto, auxiliando-o na construção do sentido. Por outro lado, o locutor pode também, através do uso de uma descrição definida, dar a conhecer ao interlocutor dados que acredita desconhecidos deste, relativamente ao referente textual, com os mais variados propósitos; ou ainda categorizar, classificar, resumir a informação previamente apresentada de uma certa maneira: a **hipótese**, a **cena**, a **tragédia** etc.

4. Estratégias de "balanceamento" do explícito/implícito – relações entre informação textualmente **expressa** e **conhecimentos prévios, pressupostos como partilhados**, podem também ser estabelecidas por meio de estratégias de "sinalização" textual, por meio das quais o interlocutor, por ocasião do processamento textual, é levado a recorrer ao contexto sociocognitivo (situação comunicativa, "scripts" sociais, conhecimentos intertextuais, e assim por diante).

Visto que não podem existir textos totalmente explícitos, o produtor de um texto precisa proceder ao "balanceamento" do que necessita ser explicitado textualmente e do que pode permanecer implícito, por ser recuperável via inferenciação a partir das marcas ou pistas que o locutor coloca no texto ou do que é suposto por este como conhecimento partilhado com o interlocutor (cf. Nystrand & Wiemelt, 1991; Marcuschi, 1994). Na verdade, é este o grande segredo do locutor competente.

A necessidade de recorrer aos sistemas de conhecimento e às estratégias aqui parcialmente descritas, por ocasião do processamento textual, permite constatar a grande complexidade do processo de construção de um texto e a gama de atividades de ordem sociocognitiva que se realizam com vistas à produção de sentidos.

A CONSTRUÇÃO DOS SENTIDOS NO TEXTO: COESÃO E COERÊNCIA

Em muitos anos de reflexões sobre os fenômenos textuais da coesão e da coerência, tenho-me perguntado com frequência sobre as fronteiras entre ambos. Sou de opinião que se trata de fenômenos distintos, conforme defendi em diversos trabalhos sobre a questão (Koch, 1984, 1985, 1989a, 1989b, 1990, entre outros), em concordância com a maioria dos autores que trabalham atualmente nesse campo (Beaugrande & Dressler, Charolles, Heinemann & Viehweger, Van Dijk, para citar apenas alguns).

É preciso considerar, contudo, que existem zonas mais ou menos amplas de imbricação entre eles, nas quais se torna extremamente difícil ou mesmo impossível estabelecer uma separação nítida entre um e outro fenômeno.

Pretendo, portanto, aprofundar um pouco mais essa reflexão.

A Coesão Textual

Podemos conceituar a coesão como o fenômeno que diz respeito ao modo como os elementos linguísticos presentes na superfície textual se encontram interligados entre si, por meio de recursos também linguísticos, formando sequências veiculadoras de sentidos.

Segundo Marcuschi (1983), os fatores de coesão são aqueles que dão conta da sequenciação superficial do texto, isto é, os mecanismos formais de uma língua que permitem estabelecer, entre os elementos linguísticos do texto, relações de sentido.

Tenho considerado em meus trabalhos duas grandes modalidades de coesão: a remissão e a sequenciação. Gostaria de proceder, aqui, a uma revisão dessa classificação.

A coesão por remissão pode, no meu entender, desempenhar quer a função de (re)ativação de referentes, quer a de "sinalização" textual.

A reativação de referentes no texto é realizada por meio da referenciação anafórica ou catafórica, formando-se, deste modo, cadeias coesivas mais ou menos longas. Aquelas que retomam referentes principais ou temáticos (por exemplo, protagonista e antagonista, na narrativa; ser que é objeto de uma descrição; tema de uma discussão, em textos opinativos) percorrem em geral o texto inteiro.

Esse tipo de remissão pode ser efetuado, como foi mencionado no capítulo anterior, por meio de recursos de ordem "gramatical" – pronomes pessoais de terceira pessoa (retos e oblíquos) e os demais pronomes (possessivos, demonstrativos, indefinidos, interrogativos, relativos), os diversos tipos de numerais, advérbios pronominais (como *aqui, aí, lá, ali*) e artigos definidos; ou por intermédio de recursos de natureza lexical, como sinônimos, hiperônimos, nomes genéricos, descrições definidas; ou, ainda, por reiteração de um mesmo grupo nominal ou parte dele; e, finalmente, por meio da elipse.

Observem-se os exemplos:
(1) A jovem acordou sobressaltada. *Ela* não conseguia lembrar-se do que havia acontecido e como fora parar ali.

(2) Márcia olhou em torno de si. *Seus* pais e *seus* irmãos observavam-na com carinho.
(3) Acorreram ao local muitos curiosos. *Alguns* trepavam nas árvores para enxergar melhor.
(4) O concurso selecionará os melhores candidatos. *O primeiro* deverá desempenhar o papel principal na nova peça.
(5) O juiz olhou para o auditório. *Ali* estavam os parentes e amigos do réu, aguardando ansiosos o veredito final.
(6) Um policial que segurava uma arma aproximou-se do desconhecido. O estranho, ao ver *o policial*, lançou-se a *seus* pés.

Muitas vezes, a (re)ativação de referentes, a partir de "pistas" expressas no texto, se dá via inferenciação. Pode-se inferir, por exemplo, o todo a partir de uma ou de algumas partes; um conjunto a partir de um ou mais subconjuntos, o gênero ou espécie a partir de um indivíduo; enfim, conhecimentos que fazem parte de um mesmo "frame" ou "script", a partir de um ou vários de seus elementos explícitos na superfície textual ou vice-versa. Eis alguns exemplos:

(7) O aposento estava abandonado. *As vidraças* quebradas deixavam entrar o vento e a chuva.
(8) A baleia azul é um animal em vias de extinção. *Elas* ainda são encontradas em algumas regiões do globo.
(9) Chamaram-me a atenção os lábios vermelhos, os olhos profundamente azuis, as sobrancelhas bem desenhadas, o nariz fino, a tez morena. Nunca iria esquecer aquele *rosto*!

A remissão para a frente – catáfora – realiza-se preferencialmente através de pronomes demonstrativos ou indefinidos neutros (isto, isso, aquilo, tudo, nada) ou de nomes genéricos, mas também por meio das demais espécies de pronomes, de numerais e de advérbios pronominais. Seriam exemplos de remissão catafórica:

(10) O incêndio havia destruído *tudo*: casas, móveis, plantações.
(11) Desejo somente *isto*: que me deem a oportunidade de me defender das acusações injustas.
(12) O enfermo esperava *uma coisa* apenas: o alívio de seus sofrimentos.
(13) *Ele* era tão bom, o presidente assassinado!

A "sinalização textual", por sua vez, tem a função básica de organizar o texto, fornecendo ao interlocutor "apoios" para o processamento textual, através de "orientações" ou indicações para cima, para baixo (no texto escrito), para a frente e para trás, ou, ainda, estabelecendo uma ordenação entre segmentos textuais ou partes do texto. Vejamos alguns exemplos:

(14) As evidências *abaixo* comprovam esta afirmação: a._____; b._____; c._____.
(15) Como foi mencionado *acima*, postulo a existência de duas grandes modalidades de coesão.
(16) *Mais adiante*, voltarei a essa questão.
(17) Na seção anterior, tratei da origem do termo; *a seguir*, abordarei sua evolução semântica.

Entre os casos de "apontamento" para trás, poder-se-iam incluir aqueles tipos de remissão com função "distributiva", como em:

(18) Paulo, José e Pedro deverão formar duplas com Lúcia, Mariana e Renata, *respectivamente*.

Sou de opinião que, nesses casos de "sinalização", seria mais adequado falar de "dêixis textual", como tem postulado, entre outros, K. Ehlich. Isto é, não se trataria aqui de relações de referência ou correferência, mas antes de "mostração" dêitica no interior do próprio texto.

Segundo Ehlich (1981), as expressões dêiticas permitem ao falante obter uma organização da atenção comum dos interlocutores com referência ao conteúdo da mensagem. Para consegui-lo, o produtor do texto tem necessidade de focalizar a atenção do parceiro sobre objetos, entidades e dimensões de que se serve em sua atividade linguística. Assim sendo, o procedimento dêitico constitui o instrumento para dirigir a focalização do ouvinte em direção a um item específico, que faz parte de um domínio de acessibilidade comum – o espaço dêitico. Na comunicação cotidiana simples, esse espaço dêitico é o próprio espaço da atividade de fala, isto é, a situação de interação. Os procedimentos dêiticos atualizam-se através do uso de expressões dêiticas. Como as atividades de orientação dêitica são atividades sobretudo mentais, o uso de expressões dêiticas em procedimentos dêiticos constitui uma atividade verbal com fins cognitivos e, quando bem-sucedida, com consequências de ordem cognitiva para o interlocutor.

Embora, evidentemente, o domínio da fala seja o domínio dêitico por excelência, e as expressões dêiticas estejam geralmente ligadas a fenômenos diretamente visíveis para os interlocutores, isto é, que se encontrem no seu campo perceptual/sensorial, Ehlich assinala que, se levarmos em consideração o "tempo" como uma dessas dimensões, mesmo no domínio da fala, essa dimensão se estenderá além dos limites da percepção sensorial direta, ou seja, o quadro de referência compartilhado será em si mesmo uma estrutura mental comum a ambos: quando, por exemplo, o falante usa uma expressão como "agora", faz uso de um sistema de conhecimentos que pressupõe partilhado com seu interlocutor.

Partindo dessa constatação, o autor defende a posição de que a dêixis relativa ao domínio da fala é apenas um caso específico do procedimento dêitico. Desse modo, o procedimento dêitico deve ser estudado de maneira global, de forma a tornar evidente que há um forte envolvimento de sistemas mentais, sistemas de conhecimento e de análise da realidade comuns, partilhados pelos interlocutores, possibilitando, destarte, a economia comunicativa através do uso das expressões dêiticas.

Concentrando seu estudo no que chama de "dêixis textual", procura contrapô-lo à noção de anáfora, ao contrário do que se encontra na maior parte da literatura, na qual geralmente a segunda engloba os fatos característicos da primeira: ou seja, a dêixis textual não tem sido considerada uma dêixis propriamente dita, mas sim descrita apenas como um uso anafórico ou catafórico específico, em virtude da concepção sensório-perceptual da dêixis dominante entre os estudiosos da questão.

Isto é: a remissão no interior do texto tem sido vista geralmente como um fenômeno de referência endofórica (cf. Halliday & Hasan, 1976). Distingue-se, por vezes, entre anáfora e catáfora, outras vezes, incluem-se todos os tipos de remissão sob a designação genérica de anáfora, em contraposição à dêixis, que constituiria apenas a remissão a elementos exteriores ao texto (exófora, para Halliday). Há outros autores que, por seu turno, englobam a anáfora no domínio geral da dêixis, ou seja, pensam a anáfora como parte do fenômeno global de remissão, de modo que tal conceito acaba por abranger fatos bastante díspares em termos de seu funcionamento. São vistos como anafóricos não só os elementos do texto que remetem a sintagmas ou a um ou alguns constituintes de um sintagma, como os que remetem a porções inteiras, maiores ou menores, do texto antecedente ou subsequente. Incluem-se, também, na noção de anáfora, além dos elementos que fazem remissão a outros expressos no texto, os que remetem a elementos do universo cognitivo dos interlocutores, desde que ativados por alguma expressão do texto. De minha parte, considero interessante proceder à distinção sugerida por Ehlich, entre anáfora e dêixis textual, por razões como as seguintes, entre outras:

1. A anáfora estabelece uma relação de correferência ou, no mínimo, de referência, entre elementos presentes no texto ou recuperáveis através de inferenciação; ao passo que a dêixis textual aponta, de forma indicial, para segmentos maiores ou menores do cotexto, com o objetivo de focalizar neles a atenção do interlocutor.
2. Nos casos de anáfora tem-se, com frequência, instruções de congruência (concordância), o que raramente acontece na dêixis textual, efetuada em geral por meio de formas neutras e de advérbios ou expressões adverbiais, portanto invariáveis.
3. Através da remissão anafórica, estabelecem-se no texto cadeias coesivas ou referenciais, o que não ocorre nos casos de dêixis textual.

Quanto à catáfora, parece-me que fica a meio caminho entre os dois fenômenos: se há casos de remissão referencial, como (13), exemplos como (10), (11), (12), bem como (19) e (20) a seguir podem ser considerados como casos de dêixis textual:

(19) Observem bem *isto*: não lhes parece um tanto estranho?
(20) Não estava habituado a *coisas como estas*: ser servido, receber atenções e homenagens.

A coesão sequenciadora, por seu turno, é aquela através da qual se faz o texto avançar, garantindo-se, porém, a continuidade dos sentidos.

O sequenciamento de elementos textuais pode ocorrer de forma direta, sem retornos ou recorrências; ou podem ocorrer na progressão do texto recorrências das mais diversas ordens: de termos ou expressões, de estruturas (paralelismo), de conteúdos semânticos (paráfrase), de elementos fonológicos ou prosódicos (similicadência, rima, aliteração, assonância) e de tempos verbais. Em Koch (1989a), discuto em maior profundidade essas questões.

Entre os recursos responsáveis pelo sequenciamento textual, estão a seleção dos campos lexicais a serem ativados no texto (contiguidade, conforme Halliday & Hasan) e o inter-relacionamento que se estabelece entre dois ou mais campos com vista à obtenção de determinados efeitos de sentido, os diversos tipos de articulação tema-rema e o encadeamento ou conexão (*connectedness, connexité*), também estudados em Koch (1989a).

Alguns desses fenômenos serão retomados mais adiante em nossa discussão.

A COERÊNCIA

A coerência diz respeito ao modo como os elementos subjacentes à superfície textual vêm a constituir, na mente dos interlocutores, uma configuração veiculadora de sentidos.

A coerência, portanto, longe de constituir mera qualidade ou propriedade do texto, é resultado de uma construção feita pelos interlocutores, numa situação de interação dada, pela atuação conjunta de uma série de fatores de ordem cognitiva, situacional, sociocultural e interacional (cf. Koch & Travaglia, 1989 e 1990).

Se, porém, é verdade que a coerência não está **no** texto, é verdade também que ela deve ser construída **a partir dele**, levando-se, pois, em conta os recursos coesivos presentes na superfície textual, que funcionam como pistas ou chaves para orientar o interlocutor na construção do sentido. Para que se estabeleçam as relações adequadas entre tais elementos e o conhecimento de mundo (enciclopédico), o conhecimento socioculturalmente partilhado entre os interlocutores, e as práticas sociais postas em ação no curso da interação, torna-se necessário, na grande maioria dos casos, proceder a um cálculo, recorrendo-se a estratégias interpretativas, como as inferências e outras estratégias de negociação do sentido.

A coerência se estabelece em diversos níveis: sintático, semântico, temático, estilístico, ilocucional, concorrendo todos eles para a construção da coerência global. Assim, há autores que distinguem entre a coerência local (isto é, aquela que ocorre em um desses níveis, sobretudo no sintático) e a coerência global do texto (cf. Charolles, 1978; Van Dijk, 1981 e 1990, entre outros).

Zonas de Intersecção

Defendo a posição de que, sempre que se faz necessário algum tipo de cálculo a partir dos elementos expressos no texto – como acontece na absoluta maioria dos casos – já se está no campo da coerência. Ora, como já indiciei acima e procurarei detalhar a seguir, é bastante comum, para se interpretarem adequadamente as relações coesivas que o texto sugere, que sejamos obrigados a efetuar determinados cálculos quanto ao sentido possível dessas relações. É nesses momentos, portanto, que se obliteram os limites nítidos entre coesão e coerência.

Passo a examinar alguns desses casos:

1. Anáfora semântica, mediata ou profunda – conforme mencionei anteriormente, é preciso, em tal situação, "extrair" o referente da forma referencial de modelos ("frames", "scripts", "cenários") armazenados na memória, ou seja, de conhecimentos que constituem nosso "horizonte de consciência". Como afirma Webber (1980), a relação entre situação discursiva ou externa, de um lado, e os referentes da anáfora, de outro, é indireta, mediada pelos modelos dos participantes, de modo que escolher entre os possíveis antecedentes de uma forma anafórica pode, pois, demandar habilidades sintáticas, cognitivas, pragmáticas, inferenciais e avaliativas muito sofisticadas da parte do interlocutor.

Assim, em exemplos como (7), (8) e (9), como em um grande número de outros casos, há necessidade de introduzir contextualmente determinadas entidades, através do conhecimento de mundo partilhado entre os interlocutores.

2. A forma como é feita a remissão, isto é, a construção das cadeias coesivas – a escolha dos elementos linguísticos usados para fazer a remissão, o tom e o estilo podem constituir índices valiosos das atitudes, crenças e convicções do produtor do texto, bem como do modo como ele gostaria que o referente fosse visto pelos parceiros. Remissões por meio de formas diminutivas, por exemplo, podem revelar o carinho ou a empatia do produtor pelo referente; ou, dependendo do tom e, na fala, de certas marcas prosódicas, expressões fisionômicas, gestos etc., uma atitude pejorativa permitindo, assim, aos interlocutores depreender a orientação argumentativa que o produtor pretende imprimir ao seu discurso.

3. Referência por meio de expressões definidas – uma das formas de fazer a remissão são justamente as expressões nominais definidas, ou seja, as descrições definidas do referente. Ora, o uso de uma expressão definida implica sempre uma escolha dentre as propriedades ou qualidades que caracterizam o referente, escolha esta que será feita de acordo com aquelas propriedades ou qualidades que, em dada situação de interação, em função dos propósitos a serem atingidos, o produtor do texto tem interesse em ressaltar, ou mesmo tornar conhecidas de seu(s) interlocutor(es). Veja-se, por exemplo, a diferença entre (21) e (22):

(21) Reagan perdeu a batalha no Congresso. *O presidente americano* não tem tido grande sucesso ultimamente em suas negociações com o Parlamento.
(22) Reagan perdeu a batalha no Congresso. *O cowboy do faroeste americano* não tem tido grande sucesso em suas negociações com o Parlamento.

Como se vê, a escolha das descrições definidas pode trazer ao interlocutor informações importantes sobre as opiniões, crenças e atitudes do produtor do texto, auxiliando-o na construção do sentido. Por outro lado, o locutor pode também, através da descrição definida, dar a conhecer ao interlocutor dados que acredita desconhecidos deste, relativamente ao referente textual, com os mais variados propósitos. Veja-se, por exemplo (23), em que, na verdade, o que o locutor faz é anunciar ao(s) parceiro(s) que Pedro é agora namorado da irmã, ou, então, que ela mudou de namorado:

(23) Pedro não foi classificado no concurso. *O novo namorado de minha irmã* não anda realmente com muita sorte.

4. A seleção dos campos lexicais e a seleção lexical de modo geral – pelo que foi dito anteriormente, já se pode deduzir a importância da seleção lexical na construção do sentido. O uso de fórmulas de endereçamento, de dada variante da língua, de gírias ou jargões profissionais, de determinado tipo de adjetivação, de termos diminutivos ou pejorativos fornece aos parceiros pistas valiosas para a interpretação do texto e a captação dos propósitos com que é produzido.

Também a ativação de determinados campos lexicais – que são a contraparte linguística dos modelos cognitivos – tem sua influência no cálculo do sentido. Além disso, o inter-relacionamento de dois ou mais campos lexicais permite a produção de novos sentidos, nem sempre claramente explicitados, e que, portanto, cabe ao interlocutor reconstruir (veja-se, também, Koch, 1984).

5. Ambiguidade referencial – sempre que ocorre no texto a ambiguidade referencial, isto é, quando surgem vários candidatos possíveis a referentes de uma forma remissiva, torna-se necessário proceder a um cálculo para a identificação do referente adequado.

Tal cálculo terá de levar em conta não só as possíveis instruções de congruência dadas pela forma remissiva, como também todo o contexto, ou seja, as predicações feitas tanto sobre a forma remissiva, como sobre os eventuais referentes, para só então proceder-se ao "casamento" entre a forma referencial ambígua e o referente considerado adequado. Para tanto, torna-se preciso recorrer ao nosso conhecimento de mundo e do contexto sociocultural em que nos encontramos inseridos, além de outros critérios como saliência temática e recência (*recency*), por exemplo.

6. Encadeamentos por justaposição – quando se encadeiam enunciados por mera justaposição, sem a explicitação da relação que se deseja estabelecer entre eles por meio de sinais de articulação (conectores, termos de relação, partículas de transição entre segmentos textuais), cabe ao interlocutor, com base em seus conhecimentos linguísticos e enciclopédicos, suprir essa falta, "repondo" mentalmente a marca faltante, como se pode ver em (24) e (25):

(24) Não desejava ser vista por ninguém. Estava suja, cabelos em desalinho, o rosto banhado de lágrimas. Poderiam imaginar coisas a seu respeito. Não queria pôr a perder a boa imagem que tinham dela.
(25) Olhar fixo no horizonte. Apenas o mar imenso. Nenhum sinal de vida humana. Tentativa desesperada de recordar alguma coisa. Nada.

É interessante notar que o interlocutor, em geral, não tem dificuldade em reconstruir a conexão faltante pelo recurso a processos cognitivos como, por exemplo, a ativação de *frames*, a partir dos elementos que se encontram expressos na superfície textual.

Outros casos existem, os quais exigem dos interlocutores o recurso a processos e estratégias de ordem cognitiva para procederem ao "cálculo" do sentido. Os que foram aqui apresentados servem apenas como exemplificação.

Por tudo o que foi discutido, deve ter ficado patente que, embora coesão e coerência constituam fenômenos diferentes, opera-se, muitas vezes, uma imbricação entre eles por ocasião do processamento textual.

Não há dúvida de que a presença de recursos coesivos em um texto não é condição nem suficiente, nem necessária da coerência. A coesão, inclusive, em alguns tipos de texto, é não só dispensável, como seria até mesmo de estranhar – veja-se o caso de certos textos poéticos modernos, quer em prosa, quer em verso.

Ressalte-se, porém, que, em muitos outros (textos didáticos, jornalísticos, jurídicos, científicos, por exemplo), sua presença se torna altamente desejável, visto que, nestes casos, ela permite aumentar a legibilidade e garantir uma interpretação mais uniforme.

Portanto, nos textos em que a coesão está presente – já que ela não é condição nem necessária, nem suficiente da coerência –, pode-se afirmar que ambas passam a constituir as duas faces de uma mesma moeda, ou então, para usar de uma outra metáfora, o verso e o reverso desse complexo fenômeno que é o texto.

A CONSTRUÇÃO DOS SENTIDOS NO TEXTO: INTERTEXTUALIDADE E POLIFONIA

Pretendo, neste capítulo, proceder a uma reflexão sobre os conceitos tão frequentes na literatura linguística contemporânea de intertextualidade e polifonia, com o intuito, inclusive, de verificar, através da determinação das características e do âmbito de abrangência que lhes têm sido atribuídos, se designam um só fenômeno; ou, não sendo esse o caso, como seria possível distinguir entre um e outro. Tratarei, em primeiro lugar, da intertextualidade.

INTERTEXTUALIDADE

Começo citando Barthes (1974): "O texto redistribui a língua. Uma das vias dessa reconstrução é a de permutar textos, fragmentos de textos, que existiram ou existem ao redor do texto considerado, e, por fim, dentro dele mesmo; todo texto é um intertexto; outros textos estão presentes nele, em níveis variáveis, sob formas mais ou menos reconhecíveis".

Isso significa que todo texto é um objeto heterogêneo, que revela uma relação radical de seu interior com seu exterior; e, desse exterior, evidentemente, fazem parte outros textos que lhe dão origem, que o predeterminam, com os quais dialoga, que retoma, a que alude, ou a que se opõe. Foi essa a razão que levou Beaugrande & Dressler (1981) a apontarem, como um dos padrões ou critérios de textualidade, a intertextualidade, que, segundo eles, diz respeito aos modos como a produção e recepção de um texto dependem do conhecimento que se tenha de outros textos com os quais ele, de alguma forma, se relaciona. Essas formas de relacionamento entre textos são, como se verá, bastante variadas.

Partirei da distinção que fiz em Koch (1986) entre intertextualidade em sentido amplo e intertextualidade em sentido restrito.

Intertextualidade em sentido amplo

A intertextualidade em sentido amplo, condição de existência do próprio discurso, pode ser aproximada do que, sob a perspectiva da Análise do Discurso, se denomina interdiscursividade (ou heterogeneidade constitutiva, segundo Authier, 1982). É nesse sentido que Maingueneau (1976:39) afirma ser o intertexto um componente decisivo das condições de produção: "um discurso não vem ao mundo numa inocente solitude, mas constrói-se através de um já-dito em relação ao qual toma posição". Também Pêcheux (1969) escreve: "Deste modo, dado discurso envia a outro, frente ao qual é uma resposta direta ou indireta, ou do qual ele 'orquestra' os termos principais, ou cujos argumentos destrói. Assim é que o processo discursivo não tem, de direito, um início: o discurso se estabelece sempre sobre um discurso prévio...".

Verón (1980), por sua vez, examina a questão da produção do sentido sob um ângulo sociossemiológico. Para ele, a pesquisa semiológica deve considerar três dimensões do princípio da intertextualidade: em primeiro lugar, as operações produtoras de sentido são sempre intertextuais no interior de um certo universo discursivo (por exemplo, o cinema); em segundo lugar, o princípio da intertextualidade é também válido entre universos discursivos diferentes (por exemplo, cinema e televisão); em terceiro lugar, no processo de produção de um discurso, há uma relação intertextual com outros discursos relativamente autônomos que, embora funcionando como momentos ou etapas da produção, não aparecem na superfície do discurso "produzido" ou "terminado". O estudo de tais textos mediadores pode oferecer esclarecimentos fundamentais não só sobre o processo de produção em si, como também sobre o processo de leitura, no nível da recepção. Trata-se, segundo Verón, de uma intertextualidade "profunda", por se tratar de textos que, participando do processo de produção de outros textos, não atingem nunca (ou muito raramente) a consumação social dos discursos.

Segundo Verón (1980:82), a análise semiológica só pode avançar por diferença, isto é, por comparação entre objetos textuais: "Um texto não tem propriedades 'em si': caracteriza-se somente por aquilo que o diferencia de outro texto (...). Por isso, também a noção de intertextualidade não se refere apenas à verificação de um dos aspectos do processo de produção dos discursos, mas também à expressão de uma regra de base do método (...); trabalha-se sempre sobre vários textos, conscientemente ou não, uma vez que as operações na matéria significante são, por definição, intertextuais".

É também por meio da comparação dos textos produzidos em determinada cultura que se podem detectar as propriedades formais ou estruturais, comuns a determinados gêneros ou tipos (intertextualidade de caráter tipológico), que são armazenadas na memória dos usuários sob a forma de esquemas textuais ou superestruturas (cf., por exemplo, Van Dijk & Kintsch, 1983; Van Dijk, 1983). Tais esquemas, que são socialmente adquiridos, desempenham papel de grande relevância no processamento (produção/intelecção) textual.

Essas são algumas das razões que me levam a concordar com Kristeva (1974:60), quando afirma: "Qualquer texto se constrói como um mosaico de citações e é a absorção e transformação de um outro texto".

Intertextualidade em sentido restrito

Considero intertextualidade em sentido restrito a relação de um texto com outros textos previamente existentes, isto é, efetivamente produzidos. Respaldo-me em Jenny (1979:14): "Propomo-nos a falar de intertextualidade desde que se possa encontrar num texto elementos anteriormente estruturados, para além do lexema, naturalmente, mas seja qual for seu nível de estruturação".

Entre os tipos de intertextualidade em sentido restrito, podem-se considerar os seguintes:

1. De conteúdo X de forma/conteúdo (descarto a possibilidade de uma intertextualidade apenas de forma, pois toda forma enforma/emoldura um conteúdo).

Ocorre intertextualidade de conteúdo, por exemplo, entre textos científicos de uma mesma área ou corrente do conhecimento, que se servem de conceitos e expressões comuns, já definidos em outros textos daquela área ou corrente; entre matérias de jornais (e da mídia em geral), no mesmo dia ou no período de tempo em que dado assunto é focal; entre diversas matérias de um mesmo jornal sobre tal assunto; entre textos literários de uma mesma escola ou de um mesmo gênero (por exemplo, as epopeias). Tem-se intertextualidade de forma/conteúdo, por exemplo, quando o autor de um texto imita ou parodia, tendo em vista efeitos específicos, estilos, registros ou variedades de língua, como é o caso de textos que reproduzem a linguagem bíblica, a de determinado escritor ou de um dado segmento da sociedade.

2. Explícita X implícita.

A intertextualidade é explícita, quando há citação da fonte do intertexto, como acontece no discurso relatado, nas citações e referências; nos resumos, resenhas e traduções; nas retomadas do texto do parceiro para encadear sobre ele ou questioná-lo, na conversação. A intertextualidade implícita ocorre sem citação expressa da fonte, cabendo ao interlocutor recuperá-la na memória para construir o sentido do texto, como nas alusões, na paródia, em certos tipos de paráfrase e de ironia.

3. Das semelhanças X das diferenças (cf. Affonso Romano de Sant'Anna).

Na intertextualidade das semelhanças, o texto incorpora o intertexto para seguir-lhe a orientação argumentativa e, frequentemente, para apoiar-se nele a argumentação (por exemplo, na argumentação por autoridade). Maingueneau (1987) fala aqui de valor de captação. Em se tratando de intertextualidade das diferenças, o texto incorpora o intertexto para ridicularizá-lo, mostrar sua improcedência ou, pelo menos, colocá-lo em questão (paródia, ironia, estratégia argumentativa da concessão ou concordância parcial). É o que Maingueneau denomina valor de subversão.

4. Com intertexto alheio, com intertexto próprio ou com intertexto atribuído a um enunciador genérico.

Alguns autores reservam a denominação de intertextualidade apenas para o primeiro caso, utilizando para o segundo o rótulo de intra ou autotextualidade. Por seu turno, atribuem-se a um enunciador genérico (a que Berrendonner, 1981, chama ON), enunciações que têm por origem um enunciador indeterminado, as quais fazem parte do repertório de uma comunidade, como é o caso dos provérbios e ditos populares. Ao usar-se um provérbio, produz-se uma "enunciação-eco" de um número ilimitado de enunciações anteriores do mesmo provérbio, cuja verdade é garantida pelo enunciador genérico, representante da opinião geral, da "vox populi", do saber comum da coletividade.

Todas essas manifestações da intertextualidade permitem apontá-la como fator dos mais relevantes na construção da coerência textual (Koch & Travaglia, 1989).

Polifonia

O conceito de polifonia, como se sabe, foi introduzido nas ciências da linguagem por Bahktin (1929), para caracterizar o romance de Dostoiévski. Para Bahktin, o dialogismo é constitutivo da linguagem: "A palavra é o produto da relação recíproca entre falante e ouvinte, emissor e receptor. Cada palavra expressa o 'um' em relação com o outro. Eu me dou forma verbal a partir do ponto de vista da comunidade a que pertenço. O Eu se constrói constituindo o Eu do Outro e por ele é constituído".

Ducrot (1980, 1984) trouxe o termo para o interior da pragmática linguística para designar, dentro de uma visão enunciativa do sentido, as diversas perspectivas, pontos de vista ou posições que se representam nos enunciados. Para ele, o sentido de um enunciado consiste em uma representação (no sentido teatral) de sua enunciação. Nessa cena, movem-se as personagens – figuras do discurso – que se representam em diversos níveis:

a. locutor – "responsável" pelo enunciado. Ducrot distingue ainda entre locutor enquanto tal – L – e locutor enquanto pessoa λ.
b. enunciadores – encenações de pontos de vista, de perspectivas diferentes no interior do enunciado.

Em Ducrot (1984) consideram-se dois tipos de polifonia:

a. quando, no mesmo enunciado, se tem mais de um locutor – correspondendo neste caso ao que denominei intertextualidade explícita (discurso relatado, citações, referências, argumentação por autoridade etc.);
b. quando, no mesmo enunciado, há mais de um enunciador, recobrindo, em parte, a intertextualidade implícita, sendo, porém, mais ampla: basta que se representem, no mesmo enunciado, perspectivas diferentes, sem a necessidade de utilizar textos efetivamente existentes. Por isso é que Ducrot se refere à encenação (teatral) de enunciadores – reais ou virtuais – a quem é atribuída a responsabilidade da posição expressa no enunciado ou segmento dele. Essa noção de polifonia permite explicar uma gama muito ampla de fenômenos discursivos, que podem ser classificados segundo a atitude de adesão ou não do locutor à perspectiva polifonicamente introduzida.

A. Entre os casos de adesão (L = E1), podem-se mencionar os seguintes:

1. Pressuposição – encenam-se, no caso, dois enunciadores, um primeiro (E1), responsável pelo pressuposto (geralmente o enunciador genérico ON, ou então o grupo a que o locutor e interlocutor pertencem) e o outro (E2), responsável pelo conteúdo posto, com quem o locutor se identifica. Por exemplo:

(1) Mariana continua apaixonada por Rafael.

2. Certos tipos de parafraseamento, nos quais é possível detectar a presença do intertexto. É o caso, por exemplo, de vários textos (Hino Nacional Brasileiro, Canção do Expedicionário etc.) que, de alguma forma, parafraseiam trechos da Canção do Exílio, de Gonçalves Dias.
3. Argumentação por autoridade: quando se encena a voz de um enunciador a partir da qual o locutor, identificando-se com ele, argumenta:

a. enunciados conclusivos – nos quais se argumenta a partir de uma premissa (maior) polifonicamente introduzida no discurso. Trata-se, em grande número de casos, da voz da sabedoria popular (como quando se argumenta a partir de provérbios e ditos populares), da perspectiva da comunidade ou do grupo a que se pertence, do interlocutor ou dos valores estabelecidos em dada cultura. Vejam-se os exemplos:

(2) Ele é dessas pessoas desmesuradamente ambiciosas, portanto vai acabar ficando sem nada. (Quem tudo quer, tudo perde).

(3) Tudo o que o jornalista escreveu é a pura verdade, logo ele não merece ser punido. (Quem diz a verdade não merece castigo).

b. certos enunciados introduzidos por *não só... mas também*, em que a parte introduzida por *não só* não é apenas de responsabilidade do locutor:

(4) Vejam nossas ofertas. Temos produtos não só baratos, mas também duráveis. (E1: Uma boa oferta é aquela em que se oferecem produtos baratos).

c. certos enunciados em que ocorre o uso "metafórico" do futuro do pretérito (cf. Weinrich, 1964), em que se introduz a voz a partir da qual se argumenta, mas cuja responsabilidade não se assume, uso atestado com frequência na linguagem jornalística:

(5) Novas reformas estariam sendo cogitadas pelo governo. Já é tempo mesmo de pôr as mãos na massa.

d. enunciados introduzidos pelas expressões *parece que, segundo X* etc., aos quais se encadeia um posicionamento pessoal:

(6) Parece que vamos ter uma mudança na política econômica. Há muito tempo ela estava se fazendo necessária.

B. Passemos agora aos casos em que o locutor não adere à perspectiva polifonicamente introduzida.

1. Negação – Ducrot (1984) distingue a negação metalinguística da negação polêmica (ambas polifônicas). A primeira visa a atingir o próprio locutor do enunciado oposto, do qual se contradizem os pressupostos, como em (7):

(7) L_1: Pedro deixou de beber (E_1 = Pedro bebia)
L_2: Pedro não deixou de beber, ele nunca bebeu (L = E_2)

Na segunda, encenam-se dois enunciadores: E_1, que produz o enunciado afirmativo e E_2 = L, que o contradiz, como em (8):

(8) Pedro não é trabalhador; ele é até bem preguiçoso. (L = E_2)
(E_1 = Pedro é trabalhador)

2. Enunciados introduzidos por *ao contrário, pelo contrário*, que não se opõem ao segmento anteriormente expresso, que tem a mesma orientação argumentativa, mas à perspectiva do enunciador E1, polifonicamente introduzida, como se pode verificar no exemplo:

(9) Luísa não é uma amiga leal; pelo contrário, tem-se demonstrado pouco confiável.
(E_1 = Luísa é uma amiga leal)

3. "Aspas de distanciamento" – nesses casos de "aspeamento" (de *conotação autonímica*, conforme Authier, 1981), tem-se, simultaneamente, o que se costuma denominar de *uso* e *menção* do termo ou expressão aspeada. Encena-se um primeiro enunciador (E_1), responsável pelo uso do

enunciado, expressão ou termo; e um segundo (E2 = L), que menciona, aspeando, o que diz o primeiro, para manter distância, isto é, eximir-se ou diminuir a responsabilidade sobre o que está sendo dito. Por exemplo:

(10) ..."O regime militar teve a longevidade que teve por causa dessa resignação com 'o possível' – uma postura eternizada por Ulysses Guimarães". (Fernando Rodrigues, "A CPMF e o 'possível'", *Folha de São Paulo*, 16/07/1996, 1 – 2)

(11) ..."Antigamente nem o policial podia expor sua arma; era obrigado a carregá-la no coldre, presa. Hoje os 'homens da lei' exibem como troféus suas escopetas, metralhadoras e fuzis." (Luiz Caversan, "Não às armas", *Folha de São Paulo*, id. Ibid.)

Authier distingue diversas funções das aspas nessa operação de distanciamento: *aspas de diferenciação* (para mostrar que nos distinguimos daquele(s) que usa(m) a palavra, que somos "irredutíveis" às palavras mencionadas; *de condescendência* (para assinalar uma palavra que se incorpora "paternalisticamente", por saber que o interlocutor falaria assim); *pedagógicas* (no discurso de vulgarização científica, que assinalam, frequentemente, o uso de termos ou expressões vulgares como um passo intermediário para permitir o emprego posterior da palavra "verdadeira", "correta", à qual o locutor adere); *de proteção* (para mostrar que as palavras ou expressões usadas não são plenamente apropriadas, que estão sendo empregadas no lugar de outras, constituindo, muitas vezes, metáforas banais); *de ênfase* (de insistência); *de questionamento ofensivo ou irônico* (quanto à propriedade da palavra ou expressão empregada pelo interlocutor por prudência ou por imposição da situação).

4. *"Détournement"* – termo usado por Grésillon & Maingueneau (1984), para designar a alteração (na forma e/ou no conteúdo de provérbios, slogans ou frases feitas, a título lúdico ou militante, com o objetivo de captação ou, mais frequentemente, de subversão. Trata-se de uma estratégia muito comum na publicidade e bastante frequente em outras formas de linguagem, como, por exemplo, o humor e a música popular (cf., por exemplo, a música "Bom Conselho", de Chico Buarque de Hollanda). Também aqui, a voz do enunciador genérico ON é introduzida, representando a sabedoria popular, à qual o locutor adere ou se opõe. Vejam-se os exemplos:

(12) "Dê um anel xxxx de presente. Lembre-se: Mãos só tem duas". (publicidade de uma joalheria por ocasião do Dia das Mães, publicada na Revista *Veja*)

Observem-se, também, os "détournements" do provérbio "Quem vê cara, não vê coração", extraídos de textos publicitários e citados em Frasson (1991):

(13) "Quem vê cara, não vê Aids".
(14) "Quem vê cara não vê falsificação".
(15) "O Instituto de Cardiologia não vê cara, só vê coração".

Funcionamento semelhante ao "détournement" é o da paródia, em que se altera (adultera) um texto já existente com o objetivo ou apenas de produzir humor ou de desmoralizá-lo ou fazer-lhe oposição.

5. Contrajunção – consiste na introdução da perspectiva de um outro enunciador E1, genérico ou representante de

um grupo ou de um "topos" (cf. Ducrot, 1987), ao qual se opõe o segundo enunciador, com o qual o locutor se identifica E2 = L). Tem-se aqui, segundo Ducrot, o mecanismo da concessão: acolhe-se no próprio discurso o ponto de vista do Outro (E1), dá-se-lhe uma certa legitimidade, admitindo-o como argumento possível para determinada conclusão, para depois apresentar, como argumento decisivo, a perspectiva contrária. É este o caso de todos os enunciados introduzidos por conectores de tipo adversativo e concessivo.

Como afirma Ducrot, o *mas* constitui o operador argumentativo por excelência, já que os enunciados que contêm *mas* e seus similares, bem como os que contêm operadores do paradigma do *embora*, permitem introduzir, num de seus membros, a perspectiva que não é – ou não é apenas – a do locutor, para, em seguida, contrapor-lhe a perspectiva deste, para a qual o enunciado tende. Seguem alguns exemplos:

(16) O candidato não é brilhante, mas honesto.
(17) Francisco é inteligente, mas não serve para o cargo.
(18) Devemos ser tolerantes, mas há pessoas que eu não suporto!

Note-se, em (18), que o primeiro membro do enunciado funciona como um atenuador ("disclaimer"), por meio do qual o locutor tenta preservar a própria face, procurando mostrar-se conforme o modo de pensar e/ou agir que constitui o ideal da comunidade a que pertence – ao menos em se tratando do discurso público; somente no segundo membro do enunciado é que ele vai manifestar sua verdadeira opinião. Esse tipo de enunciação é extremamente comum no discurso preconceituoso em geral: lembrem-se, a título de exemplo, os enunciados do tipo: "eu não sou racista, mas..." (cf. Van Dijk, 1992, entre várias outras obras do mesmo autor).

6. Certos enunciados comparativos – os enunciados comparativos, como demonstra Vogt (1977, 1980), têm caráter argumentativo e, segundo a estrutura argumentativa, analisam-se sempre em *tema e comentário*, que são comutáveis do ponto de vista sintático, mas não do ponto de vista argumentativo. No caso do comparativo de igualdade, se o primeiro membro da comparação for o tema, a argumentação ser-lhe-á favorável; se o tema for o segundo membro da comparação, o movimento argumentativo será desfavorável ao primeiro. Em "Pedro é tão alto como João", por exemplo, se Pedro for o tema, o enunciado serve para assinalar a sua "grandeza", constituindo-se em argumento a ele favorável; por outro lado, se o tema for João, o enunciado se dispõe de modo a assinalar sua "pequenez", ou seja, o movimento argumentativo será desfavorável a João (cf. também Koch, 1987). No último caso, a paráfrase adequada seria: "Pedro – e não João – deve ser considerado suficientemente alto para fazer X".

Ora, o ponto de vista segundo o qual João seria a pessoa adequada para fazer X é introduzido polifonicamente no enunciado e o locutor argumenta em sentido contrário a este. Observe-se o exemplo (19), extraído da *Folha de São Paulo*:

(19) "Tão importante quanto o sucesso concreto do plano – ou seja, a inflação baixar de verdade – é a percepção do sucesso. Explicando melhor, é a confiança de que os preços estão mesmo sob controle." (Gilberto Dimenstein, "Um tiro contra Lula", *Folha de São Paulo*, 08/06/1994)

Em (19), a perspectiva de que o mais importante é *a percepção do sucesso* opõe-se àquela – polifonicamente introduzida – de que o importante é o sucesso concreto do plano, sendo-lhe argumentativamente superior.

O discurso indireto livre constitui também um caso interessante de polifonia. Nele, mesclam-se as vozes de dois enunciadores (na narrativa, personagem (E1) e narrador (E2)). Daí deriva a ambiguidade desse tipo de discurso, isto é, a dificuldade de distinguir o ponto de vista (perspectiva) de onde se fala.

Pode-se concluir, portanto, que não há coincidência total entre os conceitos de intertextualidade e polifonia.

Na intertextualidade, a alteridade é necessariamente atestada pela presença de um intertexto: ou a fonte é explicitamente mencionada no texto que o incorpora ou o seu produtor está presente, em situações de comunicação oral; ou, ainda, trata-se de textos anteriormente produzidos, provérbios, frases feitas, expressões estereotipadas ou formulaicas, de autoria anônima, mas que fazem parte de um repertório partilhado por uma comunidade de fala. Em se tratando de polifonia, basta que a alteridade seja encenada, isto é, incorporam-se ao texto vozes de enunciadores reais ou virtuais, que representam perspectivas, pontos de vista diversos, ou põem em jogo "topoi" diferentes, com os quais o locutor se identifica ou não (para maior aprofundamento, consulte-se Koch).

Deste modo, a meu ver, o conceito de polifonia recobre o de intertextualidade, isto é, todo caso de intertextualidade é um caso de polifonia, não sendo, porém, verdadeira a recíproca: há casos de polifonia que não podem ser vistos como manifestações de intertextualidade.

Por tudo o que aqui foi discutido, confirma-se que, do ponto de vista da construção dos sentidos, todo texto é perpassado por vozes de diferentes enunciadores, ora concordantes, ora dissonantes, o que faz com que se caracterize o fenômeno da linguagem humana, como bem mostrou Bahktin (1929), como essencialmente dialógico e, portanto, polifônico.

PARTE II
A CONSTRUÇÃO DO SENTIDO NO TEXTO FALADO

A NATUREZA DA FALA

Fala e escrita constituem duas modalidades de uso da língua. Embora se utilizem, evidentemente, do mesmo sistema linguístico, elas possuem características próprias.

Isso não significa, porém, que fala e escrita devam ser vistas de forma dicotômica, estanque, como era comum até há algum tempo e, por vezes, acontece ainda hoje. Vem-se postulando que os diversos tipos de práticas sociais de produção textual situam-se ao longo de um contínuo tipológico, em cujas extremidades estariam, de um lado, a escrita formal e, de outro, a conversação espontânea, coloquial (Marcuschi, 1995; Koch & Oesterreicher, 1990; Halliday, 1985; Koch, 1992). É Marcuschi (1995:13) quem escreve: "As diferenças entre fala e escrita se dão dentro do *continuum tipológico* das práticas sociais e não na relação dicotômica de dois polos opostos".

Para situar os diversos tipos de texto ao longo desse contínuo, Koch & Oesterreicher sugerem a utilização, além do critério do *medium*, oral ou escrito, do critério da proximidade/distância (física, social etc.); Chafe (1982, 1985), por seu turno, leva em conta o envolvimento maior ou menor dos interlocutores; Halliday postula que, enquanto o texto escrito possui maior densidade lexical, o texto falado, ao contrário do que se costuma afirmar, possui maior complexidade sintática. Desta forma, fala e escrita apresentam tipos de complexidade diferentes.

O que se verifica, na verdade, é que existem textos escritos que se situam, no contínuo, mais próximos ao polo da fala conversacional (bilhetes, cartas familiares, textos de humor, por exemplo), ao passo que existem textos falados que mais se aproximam do polo da escrita formal (conferências, entrevistas profissionais para altos cargos administrativos e outros), existindo, ainda, tipos mistos, além de muitos outros intermediários.

Foi com base na visão dicotômica acima mencionada que se estabelecera, inicialmente, as diferenças entre fala e escrita, entre as quais as mais frequentemente mencionadas são as seguintes:

Fala	**Escrita**
contextualizada	descontextualizada
implícita	explícita
redundante	condensada
não planejada	planejada
predominância do "modus pragmático"	predominância do "modus sintático"
fragmentada	não fragmentada
incompleta	completa
pouco elaborada	elaborada
pouca densidade informacional	densidade informacional
predominância de frases curtas, simples ou coordenadas	predominância de frases complexas, com subordinação abundante
pequena frequência de passivas	emprego frequente de passivas
poucas nominalizações	abundância de nominalizações
menor densidade lexical	maior densidade lexical

Na realidade, porém o que ocorre é que:

1. Nem todas essas características são exclusivas de uma ou outra das duas modalidades.
2. Tais características foram sempre estabelecidas tendo por parâmetro o ideal da escrita (isto é, costuma-se olhar a língua falada através das lentes de uma gramática projetada para a escrita), o que levou a uma visão preconceituosa da fala (descontínua, pouco organizada, rudimentar, sem nenhum planejamento), que chegou a ser comparada à linguagem rústica das sociedades primitivas ou à das crianças em fase de aquisição...

É evidente, contudo, que a fala possui características próprias, entre as quais as que são apresentadas abaixo (cf., por exemplo, Koch, 1992; Koch et al., 1990):

1. É relativamente não planejável de antemão, o que decorre de sua natureza altamente interacional; isto é, ela necessita ser *localmente planejada*, ou seja, planejada e replanejada a cada novo "lance" do jogo da linguagem.
2. O texto falado apresenta-se "em se fazendo", isto é, em sua própria gênese, tendendo, pois, a "pôr a nu" o próprio processo da sua construção. Em outras palavras, ao contrário do que acontece com o texto escrito, em cuja elaboração o produtor tem maior tempo de planejamento, podendo fazer rascunhos, proceder a revisões e correções etc., no texto falado planejamento e verbalização ocorrem simultaneamente, porque ele emerge no próprio momento da interação: ele é o seu próprio rascunho.

3. O fluxo discursivo apresenta descontinuidades frequentes, determinadas por uma série de fatores de ordem cognitivo-interacional, as quais têm, portanto, justificativas pragmáticas de relevância.
4. O texto falado apresenta, pois, uma sintaxe característica, sem, contudo, deixar de ter como pano de fundo a sintaxe geral da língua.
5. A escrita é o resultado de um processo, portanto estática, ao passo que a fala é processo, portanto, dinâmica. Halliday (1985:74) capta bem essa diferença, utilizando a metáfora do quadro e do filme. Para o leitor, o texto se apresenta de forma sinóptica: ele existe, estampado numa página – por trás dele vê-se um quadro. Já no caso do ouvinte, o texto o atinge de forma dinâmica, coreográfica: ele **acontece**, viajando através do ar – por trás dele é como se não existisse um quadro, mas um filme.

Cabe lembrar, também, que, em situações de interação face a face, o locutor que, em dado momento, detém a palavra não é o único responsável pela produção do seu discurso: trata-se, como bem mostra Marcuschi (1986), de uma atividade de coprodução discursiva, visto que os interlocutores estão juntamente empenhados na produção do texto: eles não só procuram ser cooperativos, com também "conegociam", "coargumentam", a tal ponto que não teria sentido analisar separadamente as produções de cada interlocutor.

Além disso, como é a interação (imediata) o que importa, ocorrem pressões de ordem pragmática que se sobrepõem, muitas vezes, às exigências da sintaxe. São elas que, em muitos casos, obrigam o locutor a "sacrificar" a sintaxe em prol das necessidades da interação, fato que se traduz pela presença, no texto falado, não só de falsos começos, truncamentos, correções, hesitações, mas também de inserções, repetições e paráfrases, que têm, frequentemente, funções cognitivo-interacionais de grande relevância, como será visto nos vários capítulos que compõem esta segunda parte do livro.

Tais pressões pragmáticas derivam de "estratégias" cognitivo-conversacionais, como as seguintes:

1. Sempre que perceber que o parceiro já compreendeu o que você pretendia comunicar-lhe, a continuação de sua fala se tornará, na maioria das vezes, desnecessária.
2. Logo que perceber que seu interlocutor não o está entendendo devidamente, suspenda o fluxo da informação e repita, parafraseie, mude o planejamento ou insira explicações e/ou exemplos.
3. Ao perceber que formulou algo de maneira inadequada, interrompa-se imediatamente e proceda a uma correção.
4. Ao se dar conta de que disse algo que é ou poderia ser ofensivo à face do seu interlocutor ou que foi excessivamente categórico naquilo que disse, proceda imediatamente a um reparo, acrescentando ou inserindo expressões atenuadoras ou modalizadoras.

Assim sendo, o texto falado não é absolutamente, caótico, desestruturado, rudimentar. Ao contrário, ele tem uma estruturação que lhe é própria, ditada pelas circunstâncias sociocognitivas de sua produção e é à luz dela que deve ser descrito e avaliado.

ATIVIDADES DE CONSTRUÇÃO DO TEXTO FALADO: TIPOS E FUNÇÕES

A concepção de linguagem como atividade, isto é, o pressuposto de que toda e qualquer produção linguística é resultado de atividades exercidas pelos interlocutores, leva-nos a procurar, na efetivação dessa atividade, regularidades que deixem entrever a existência de um sistema de desempenho linguístico. O lugar privilegiado para a identificação das regularidades que compõem tal sistema de desempenho linguístico é evidentemente o texto, que possui em sua materialidade as marcas do processo formulativo-interativo.

No texto, as regularidades se manifestam como tendências de estruturação, definidas pelo caráter sistemático de determinados processos de construção textual, dado por sua recorrência em contextos definidos, pelas marcas formais que os caracterizam e pelo preenchimento de funções interacionais que lhes são específicas.

Estratégias de Construção

Em trabalhos anteriores, Koch & Souza e Silva (1992, 1993), procedeu-se a uma descrição das principais atividades de construção do texto falado, que retomo para apontar as funções interativas exercidas por tais atividades, vistas aqui como estratégias de processamento textual.

Entre as principais estratégias de processamento do texto falado, podem citar-se a *inserção* e a *reformulação*, quer *retórica*, quer *saneadora*. Tais estratégias desempenham uma série de funções cognitivas e interacionais, que serão aqui exemplificadas com excertos de alguns dos inquéritos constantes do corpus mínimo partilhado do Projeto Gramática do Português Falado. Por vezes, essas estratégias podem servir para a determinação de universos referenciais, de modo que o material inserido ou reformulado não pode ser considerado supérfluo, isto é, eliminável sem prejuízo do conteúdo.

FUNÇÕES DA INSERÇÃO

1. A inserção parece ter a macrofunção cognitiva de facilitar a compreensão dos parceiros. O locutor suspende temporariamente o tópico em andamento e insere algum tipo de material linguístico, com o intuito, entre outros, de:

a. introduzir explicações ou justificativas:

(1) ... então nós tínhamos por um lado naquela época muitas crianças com problemas... e havia uma necessidade... de se pegar essas crianças... e adaptá-las à escola comum né? *porque... quanto mais uma criança possa (se) adaptar a uma escola comum ... melhor... não há necessidade de formação... especial::: para educador:: e nada disso né?...* e por outro lado uma necessidade de desenvolvimento da indústria...
(EF 377 – NURC/SP: 144-149)

b. fazer alusão a um conhecimento prévio, que, frequentemente, constitui um pré-requisito para o pleno entendimento do assunto:

(2) ... e a indústria o que precisa? maior produção... maior rendimento... né?... o indivíduo certo para a tarefa certa... — *não sei se alguém aqui já ouviu falar* no Taylor... né? — então em ( ) em termos de traBAlho nós temos os testes de Taylor... né? que ele::... se propôs:: a... ahn... racionalizar o trabalho... a *colocar indivíduos... adequados... em determinadas tarefas... para que houvesse uma maior produção...* e na escola nós temos os testes... de Binet... e de Simon e depois adaptados por (STANford)... pra:: pegar essas crianças... né?...que não conseguiam acompanhar o ritmo normal da esCOla...e::... verificar AONde estava esse erro aonde estava essa dificuldade (id. ibid.: 149-162)

c. apresentar ilustrações ou exemplificações

(3) ... as cooperativas também são... entidades... realmente bastante significativas... dentro de uma conjuntura... ou dentro da conjuntura...nacional por exemplo para citar especificamente o caso... do nosso país... *sabemos por exemplo que países altamente evoluídos... como é o caso por exemplo da Suécia... que é um país que pratica na opinião de alguns... um socialismo considerado como democrático...* tem nas cooperativas uma espécie de suporte ou de tripé... para o seu desenvolvimento... as cooperativas além do mais são fatores... de agregação... (DID 131 – NURC/REC: 103-113)

Pode-se observar que, no exemplo anterior, tem-se uma exemplificação em cadeia, além de uma inserção explicativa a respeito da Suécia.

d. introduzir comentários metaformulativos:

(4) ... por exemplo... no setor odontológico... sabemos... que... existe uma demanda... muito grande... atualmente... das pessoas... em relação... aos... respectivos sindicatos... porque... a assistência odontológica... implica evidentemente... em custos... demasiadamente elevados... para o... o público ou para a coletividade... *ou a grande massa como nós... chamamos habitualmente*... (id. ibid.: 20-27)

2. A inserção pode ter a função interacional de despertar ou manter o interesse do parceiro e/ou criar uma atmosfera de intimidade ou cumplicidade. Para tanto, o locutor recorre a estratégias como:

a. formulação de questões retóricas (recurso muito comum nos discursos didático e persuasivo, de modo geral):

(5) ... que seria então... éh:: uma nota bruta... num teste? seria aquela nota total... de erros... e acertos então cada indivíduo... realiza o seu teste e:: obtém uma nota... que é o total de erros... e acertos... MAS... essa nota simplesmente... não diz muita coisa... então nós precisamos ter... éh um NÍvel de significância... *é significativo esse número de acerto (esse número) de erros?*... é significativo em termos estatísticos... em termos Quantitativos... né?... então::... o que nós fazemos? nós compararmos::... esses resultados... com padrões... determinados... (EF 377 – NURC/SP: 179-190)

b. introdução de comentários jocosos

(6) aqui nós só vamos... fazer uma leitura em nível pré-iconográfico nós vamos reconhecer as formas... então que tipo de formas nós vamos reconhecer?... nós vamos reconhecer bisontes... ((vozes))... bisonte é o bisavô do touro... tem o touro o búfalo:: e o bisonte MAIS lá em cima ainda... nós vamos reconhecer ahn:: cavalos... nós vamos reconhecer veados... — *sem qualquer (nível) conotativo aí* — ... e algumas vezes MUIto poucas... alguma figura humana...
(EF 405 – NURC/SP: 131-139)

Outras funções interacionais importantes da inserções são:

a. servir de suporte para a argumentação em curso:

(7) ... então às vezes uma coisa que:: uma PORcaria duma peça um espetáculo... que é um LIxo:: da Broadway... de qualquer outra parte do mundo... apresentado aqui todo mundo gosta todo mundo diz que é bacana que faz sucesso... *você pode ver... primeira coisa... uma:: uma loja de::... uma:: firma de confecções masculinas ou femininas... quando LANça um produto novo ou qualquer coisa qualquer produto... é lançado no mercado a propaganda diz o quê?.. "trouxemos dos Estados Unidos e da Europa..." "as mulheres francesas usam" "Lux... o sabonete usado por nove entre dez estrelas do cinema"* .. aí todo mundo usa porque todo mundo quer ser estrela de cinema... e todo mundo usa porque o:: francês usa porque o americano usa... então éh principalmente o americano usa né? ((riu))...
(DID 161 – NURC/SP: 306-321)

b. expressar a atitude do locutor perante o dito, introduzindo, por exemplo, atenuações, avaliações, ressalvas:

(8) ... então todo artista deve sabe::r... ah:: o conteúdo da da peça o que vai acontê/ e conhecer bem a peça... e... com seu talento... *não estou quere::ndo com:: isso dizer que sou um grande artista porque quando eu fui artista longe disso... fui o pior possível...* mas acho que o camarada deve:: eh:: valorizar... o espetáculo que está do qual ele está participando...
(id. ibid.: 351-357)

Funções da Reformulação

Reformulação retórica

A reformulação retórica realiza-se basicamente por meio de repetições e parafraseamentos, cuja principal função é, sem dúvida, a de reforçar a argumentação, estratégia que vimos denominando informalmente de "técnica da água mole em pedra dura". Ao contrário da inserção, cuja macrofunção é cognitiva, a reformulação retórica caracteriza-se essencialmente pelo seu aspecto interacional, como atesta a força argumentativa da repetição em (9) e da paráfrase em (10):

(9) ... eu acho que o meu conceito de morar bem é diferente um pouco da maioria das pessoas que eu conheço... a maioria das pessoas pensa que morar bem é morar num apartamento de luxo... é morar no centro da cidade... perto de tudo... nos locais onde tem assim mais facilidade até de comunicação ou de solidão como vocês quiserem meu conceito de morar bem

é diferente... eu acho que morar bem é morar fora da cidade... é morar onde você respire... onde você acorde de manhã como eu acordo e veja passarinho à vontade no quintal é ter um quintal... é ter árvores... é morar perto do mar... eu não entendo se morar longe do mar
(D2 05 – NURC/REC: 1012-1023)

(10) ... sabemos por exemplo... que o sindicato... dos comerciários para falar de um assunto que nos toca... pati particularmente... possui uma granja na cidade de Carpina... e que proporciona... àquela imensa... leva... de associados... um lazer realmente magnífico... um momento de:... descanso... um momento de: felicidade podemos dizer assim... a todos aqueles... que vão... até lá em busca de paz de sossego e de tranquilidade... sabemos também... que...
(DID 131 – NURC/REC: 39-47)

A reformulação retórica pode ter também a função cognitiva de facilitar a compreensão através da desaceleração do ritmo da fala, dando ao(s) parceiro(s) tempo maior para o processamento do que vai ser dito:

(11) ... é difícil você realmente ter... a:: medida REal do indivíduo a capacidade ou (realização)... REal do indivíduo... porque::... o indivíduo no momento *pode* estar:: (ah com problemas)... né?... pode estar doe:::te pode estar (impressiona::do)... pode não se sentir BEM::... com o material do tes::te... pode não conhecer certas questões por um motivo qualquer ele simplesmente nunca viu aqui::lo... certo? OU o teste pode estar... ahn:: falso ah::... dirigido mais *para certos tipos de conhecimento de que ele não tem:::...* né?... e:: então a

pa/o próprio limite do instruMENto que é o teste... e o limite das condições do indivíduo que são diFÍceis de se controlar... éh::... *não possibilitam que a* gente acredite assim CEM por cento nos testes... percebem?... não dá para a gente acreditar cem por cento... a gente tem uma meDIDA... (recebe lá) *uma medida certo?*...
(EF 377 – NURC/SP: 34-50)

Reformulação saneadora

A reformulação saneadora pode ocorrer sob forma de correções ou reparos e de repetições ou paráfrases saneadoras. As primeiras decorrem da necessidade de o locutor solucionar, imediatamente após a materialização de um segmento, dificuldades nele detectadas por ele mesmo ou pelos parceiros, podendo, pois, ser auto ou heterocondicionadas. Já as segundas são, via de regra, heterocondicionadas, isto é, provocadas pelo interlocutor. Veja-se um exemplo de correção saneadora (autocondicionada) em (12):

(12) ... as cooperativas além do mais são fatores... de agregação... porque: são entidades... que procura:... éh:... atrair os indivíduos... e além do mais... fazer ver a esses indivíduos... a necessidade... da união: a necessidade... *de uma: de um sentido* de homogeneidade... porque é através exatamente... desse fator... de união: e de integração... que os indivíduos se AJUSTAM... ou que os indivíduos *pro éh procuram...* levar... *a cabo... levar adiante... suas: melhores... ou suas: mais justas... reivindicações...*
(DID 131 – NURC/REC: 112-120)

A HESITAÇÃO

Da mesma forma que a inserção e a reformulação, a hesitação constitui também uma estratégia de processamento, tendo, porém, um estatuto diverso. Um exame mais acurado dos materiais que compõem nosso corpus leva-nos, hoje, a considerar a hesitação como constitutiva do próprio processo de construção do texto falado, ligada à possibilidade mesma de sua emissão, já que nele, como já mostramos, planejamento e verbalização são necessariamente simultâneos, pondo-se a nu, a cada momento, o processo de sua construção. Em outras palavras, como se tem dito com frequência, o texto falado se apresenta em "status nascendi", ele é o seu próprio rascunho. Não existe, assim, trecho de fala sem hesitações, ao passo que podem existir trechos, mais ou menos longos, sem inserções ou reformulações, quer retóricas, quer saneadoras.

Além de ser um fenômeno indissociável da fala, outro aspecto que distingue a hesitação das demais estratégias que desaceleram o ritmo da fala, como as inserções e as reformulações, é que, enquanto estas podem ser consideradas, de certa forma, cognitivamente "controladas" pelo locutor, a hesitação, na maioria dos casos, nos parece ser "não controlada" ou, pelo menos, controlada apenas parcialmente, sobretudo quando sinaliza dificuldades que o locutor vem encontrando no processamento/verbalização de seus enunciados. É claro que tais dificuldades podem ser apenas simuladas, que o locutor pode estar tentando fazer passar uma imagem de pessoa refletida, cuidadosa com o que diz, para impressionar a sua plateia. De modo geral, contudo, as hesitações – que se manifestam por meio de pausas, preenchidas ou não, alongamentos de vogais, consoantes ou sílabas iniciais ou finais, repetição de palavras de pequeno porte, truncamentos oracionais etc. –, têm a função cognitiva de ganhar maior tempo para o planejamento/verbalização do texto, podendo-se afirmar que são "menos" controladas, porque são condicionadas por pressões situacionais das mais diversas ordens a que estão sujeitos os interlocutores.

Pode-se constatar, em decorrência dos fatos aqui discutidos, a enorme complexidade do processo de construção do texto em geral, e do texto falado em particular, e a gama de atividades que o locutor realiza visando à produção de sentidos. Na interação verbal face a face, ele tem de estar constantemente alerta, controlando "pari passu" tal processo, sempre pronto a facilitar a compreensão dos parceiros, a atender suas solicitações, a (re)negociar com eles o sentido do que está sendo dito, através, em grande parte, de estratégias de identificação referencial. Tudo isso exige o domínio não só de habilidades linguísticas, como também de estratégias de ordem cognitiva, social e cultural. O conjunto de regularidades passíveis de serem detectadas na atividade de produção do texto constitui o subsistema de desempenho textual, pedra angular do sistema de desempenho linguístico.

TEMATIZAÇÃO E REMATIZAÇÃO: ESTRATÉGIAS DE CONSTRUÇÃO DO TEXTO FALADO

É sabido que cada língua apresenta uma variedade de formas de expressão, abrindo-se, desta maneira, para o falante um amplo espaço de formulação, isto é, a possibilidade de escolha entre um leque de opções possíveis. Assim, a construção dos sentidos no texto depende, em grande parte, das escolhas que ele realiza. As várias possibilidades de efetivar, nos textos, a articulação tema-rema constituem um desses leques de escolhas significativas.

Este capítulo objetiva, portanto, examinar as diferentes possibilidades de articulação tema-rema, com ênfase especial naquelas em que, em virtude de deslocamentos de constituintes, ocorre algum grau de segmentação sintática do enunciado – casos em que o falante opta pela utilização de *estratégias de tematização* e *de rematização* (ou seja, de deslocamento do tema ou do rema) –, bem como descrever as nuances de sentido que cada uma delas, quando posta em ação, viabiliza.

Os conceitos de *tema* e *rema* em questão são aqueles postulados pelos autores da Escola Funcionalista de Praga (Danes, Firbas, Sgall, entre outros), ou seja: do ponto de vista funcional, cada enunciado divide-se em (pelo menos) duas partes – tema e rema –, a primeira das quais consiste no segmento sobre o qual recai a predicação trazida pela segunda. Isto é, tem-se um segmento comunicativamente estático – o tema – oposto a outro segmento comunicativamente dinâmico – o rema, núcleo ou comentário. Não se trata aqui apenas de um critério posicional (posição defendida, como se sabe, por muitos linguistas), mas de um critério funcional, fortemente relacionado à prosódia do enunciado (portanto, verificável especialmente na fala) e, sob muitos aspectos, associado às noções de dado e novo.

No dizer de Ilari (1992:25), "a Escola Funcionalista de Praga" desenvolve em suma uma linguística da *fala* (...) e insiste no fato de que se podem encontrar regularidades que autorizam tentativas de organização e descrição, mesmo no nível da oração realizada (*utterance*). Ora, ao analisar orações efetivamente realizadas, e não apenas orações que sirvam de exemplo de boa formação sintática, constata-se que, enquanto unidade comunicativa, "a oração serve aos locutores para realizar uma dupla função: a de estabelecer um elo com a situação de fala, ou com o texto linguístico que a precedeu, e a de veicular informações novas". Assumindo tal posição, tomaremos como unidade básica de análise o **enunciado** ou a **unidade comunicativa** (Marcuschi, 1986:62)[1], embora, como será ressaltado mais adiante, uma construção com tema marcado tenha, em muitos casos, a função de delimitar segmentos tópicos ou indiciar a introdução ou a mudança de tópicos discursivos.

Em termos da articulação tema-rema, particularmente em se tratando da língua falada, tem-se, como mostram Koch & Oesterreicher (1991), ao lado de casos de integração sintática plena (construções não marcadas, em que o rema, portador de informação nova, sucede naturalmente ao tema, que veicula a informação dada), uma série de padrões expressivos em que se pode falar de **segmentação** e/ou de **deslocamento de constituintes**. A segmentação será aqui entendida como qualquer tipo de alteração da ordem não marcada, devida a uma cisão ou modificação na ordem não marcada dos constituintes, com vistas à extração ou *mise-en-relief* de um constituinte do enunciado, dando origem a construções de tema ou rema marcados. Danes (1967) já afirmava que a ordem dos constituintes, que seria de se esperar por razões de ordem sintática, é frequentemente infringida por razões de ordem funcional.

Existem, assim, duas grandes modalidades de sequenciação tema-rema:

1. Sequências em que ocorre plena integração sintática entre elementos temáticos e remáticos, sem nenhum tipo de segmentação (construções não marcadas), que constituem o padrão, sendo comuns à oralidade e escrita.
2. Construções com tema ou rema marcados (em consequência do emprego de estratégias de tematização e de rematização), com graus mais reduzidos de integração sintática, devido à ocorrência de segmentação, nos termos acima definidos.

Objetivamos, neste trabalho, aprofundar o estudo da segunda modalidade. Serão examinados casos de deslocamento (anteposição e posposição) de elementos temáticos e remáticos. Em se tratando de tematização, serão examinados especialmente os exemplares de temas marcados representados por SNs. Não se tratará, portanto, de todos os casos de anteposição de constituintes, como, por exemplo, a anteposição dos diversos tipos de construções adverbiais, a não ser que estas venham a assumir a forma de sintagmas nominais não preposicionados (*SPs sem-cabeça*, na terminologia de Kato, 1989) ou a configurar o tipo específico de tematização marcada derivada da anteposição do que, nas gramáticas tradicionais, se costuma denominar *adjunto adverbial de assunto* (cf. item 1.1, caso 1).

Levar-se-ão em conta, na análise, os seguintes critérios: a. grau de integração sintática do enunciado, nos moldes postulados por Koch & Oesterreicher, 1991; b. procedimentos linguísticos utilizados para realizar a tematização ou a rematização (marcas); c. funções discursivas das construções resultantes de segmentação. Essa descrição situa-se, pois, na interface sintaxe-discurso.

I. Sequências tema-rema

O papel das construções segmentadas é, em se tratando de construções com *tema marcado*, destacar um elemento do enunciado, colocando-o em posição inicial, com o objetivo de indicar para o interlocutor, desde o início, aquilo de que se vai tratar, ou em posição final, para fornecer um esclarecimento a mais, uma complementação, um adendo. O emprego dessas construções permite, assim, operar um tipo de hierarquização das unidades linguísticas utilizadas, trazendo uma contribuição importante para a coerência discursiva, da mesma forma que a anteposição do rema ao tema desempenha funções discursivas e interacionais relevantes, conforme será visto a seguir.

Passaremos, pois, a examinar as sequências tema-rema de acordo com os critérios acima explicitados.

1.1. No que diz respeito aos **graus de integração sintática**, na acepção de Koch & Oesterreicher (1991), podemos destacar os seguintes casos:

1. Construções com tematização marcada, introduzidas por expressões do tipo *quanto a..., no tocante a..., no que diz*

respeito a..., com referência a.... etc., que são comuns às modalidades oral e escrita, sendo mais frequentes na comunicação relativamente formal. Além do enunciado que introduz o presente item, vejam-se, por exemplo:

(1) "*Em relação às bancadas*, os quercistas sentem maiores dificuldades no Senado. Um grupo de senadores chegou a convidar o governador Luiz Antonio Fleury Filho (SP) para uma conversa anteontem, em Brasília." (*FSP*, 19/3/93, 1-9).

(2) ... e nós temos boas orquestras também ( )... inclusive na Tupi temos boas orquestras e temos... *e no que tange a nossa música popular* eu acho que:: agora a televisão está abrindo as portas... para a nossa música popuLAR coisa que o rádio não faz... (NURC/SP – D2 333:335-339)

(3) então... *sobre o problema do primário... essa reforma do primário e ginásio* eu não estou muito a par não, né? (NURC/SSA – DID 231:17-19)

Ilari (1992:58) acrescenta a esse tipo de construção enunciados introduzidos mediante expressões como "por falar em...", "a propósito de...", "já que você tocou em" / "já que estamos tocando em..." e outras, bastante comuns na interação informal face a face.

2. Construções com tema marcado, em que ocorre a anteposição de um elemento do enunciado com função sintática bem definida, que é depois confirmada pela presença de um elemento de retomada no interior do comentário.

Segundo Lambrecht (1981), "a coocorrência de um nome e de um pronome anaforizado nas construções deslocadas é a manifestação formal de um princípio funcional: a codificação de uma relação tema-propósito na estrutura de superfície do enunciado.

Blasco (1995), acusando de reducionistas as análises puramente temáticas ou discursivas, procura mostrar a importância de se levarem em conta as propriedades morfossintáticas dos elementos que entram nessas construções e, em especial, de distinguir entre deslocamentos para diante do verbo e deslocamentos para depois do verbo, já que, para ela, tanto a posição como a forma morfológica e a função sintática do elemento deslocado são indissociáveis de seu valor informacional. Tais questões serão retomadas mais adiante. Limitamo-nos, por ora, a apresentar alguns exemplos do caso em tela:

(4) ... ele vai ao jogo de futebol com o tio... porque *o Nélson*... fins de semana *ele* estuda então:: quase não sai com a gente... (NURC/SP – D2 360:1356-1358)

(5) então o *Japão*... *ele*... desde o seu início... ((interferência de locutor acidental)) desde o seu início... *ele* tinha... *ele* contava como força fundamental das suas cidades-colônias... os dois fatores... (NURC/RJ – EF 379:53-56)

(6) *esses Bicudos*... parece-me que *um deles* foi para:: região de Itu... e *o outro* entrou... para o vale do Paraíba... (NURC/SP – DID 208:551-553)

(7) como assim? não entendi a sua dúvida por exemplo o::... *lemingue* toda vez que tem superpopulação *eles* vão para o mar e:: se matam aos montes... (NURC/SP – D2 343: 1466-1468)

(8) *esse problema de puxar pela criança* — "Ah, não deve puxar pela criança" — eu acho que *isso* não funciona muito (NURC/SSA – DID 231:93-95)

Cabe observar que, quando o elemento de retomada é, como no exemplo (8), um pronome demonstrativo ou indefinido como *isto, isso, aquilo, tudo* etc., ele remete, frequentemente, a sequências significativas expressas ou subentendidas no contexto precedente, que nem sempre são fáceis de delimitar com precisão.

3. Construções com tema marcado, sem retomadas pronominais, isto é, com elipses (categorias vazias), mas em que a função sintática, no enunciado, do elemento tematizado é, em geral, bem definida:

(9) *bebida alcoólica...* eu gosto muito (Ø)... sabe? (NURC/RJ – DID 328:773)

(10) mas eu:: ahn *merenda escolar* eu tenho pouca noção (Ø)... (NURC/RJ – DID 328:510-511)

(11) ... eu não viajo nem num outro carro acima de oitenta ou noventa... de velocidade... *a Kombi* dá pra fazer isso (Ø) de modo que eu vou tranquilo (NURC/SSA – D2 98)

(12) *Olinda* ninguém mora (Ø)... ninguém diz é lá que eu moro... não... diz é lá que eu pernoito (NURC/REC – D2 05:1094-1096).

(13) *as comidas baianas* eu gostei muito (Ø) sabe? (NURC/RJ – DID 328:167-168)

(14) ... então *a menopausa...* é::... nós vamos notar uma diminuição considerável d/dos hormônios... dessas glândulas mamárias (Ø)... (NURC/SSA – EF 049:62-64)

Casos dos tipos 2 e 3 são extremamente comuns em nosso corpus, nos três tipos de inquéritos, com o elemento tematizado exercendo as mais variadas funções sintáticas no enunciado. Há exemplos em que os dois tipos estão copresentes, como em:

(15) ... mas *o campo deles* eu acho que (Ø) está muito mais saturado do que o nosso... tanto é que::... eu conheço... em:: *advogados* que *eles* estão trabalhando como... auxiliares na nossa própria empresa entende?... (NURC/SP – D2 62:1199-1203)

Em outros casos, temos a coexistência dos tipos 3 e 1, como se pode verificar no exemplo (3) acima.

4. Construções com tema livre ("tema pendens", "hanging topic"), antecedendo uma sequência oracional, sem explicitação do nexo sintático e/ou lógico-semântico:

(16) agora H. ah:: *filme*... *água com açúcar* — digamos assim — para a gente ver certas coisas que a gente vê:: americanas principalmente... antes A Moreninha né? (NURC/SP – D2 333:779-781).

(17) ... *o direito*... *o fenômeno jurídico*... você olha... *o fenômeno jurídico*... através de uma perspectiva... (NURC/REC – EF 33)

Em (17), acumulam-se dois segmentos tematizados, o primeiro – o direito – um "hanging topic" e o segundo – o fenômeno jurídico – do tipo 2, com as peculiaridades que serão apontadas no item 1.2.

5. Construções com deslocamento para o final de um elemento do enunciado que, no interior deste, é introduzido apenas por meio de um pronome ou de uma categoria vazia, as quais têm recebido a denominação de *deslocamento*

à direita e construções de *antitópico*. Trata-se de um procedimento bastante produtivo, em que o SN deslocado convalida, precisando-o melhor, ou chamando a atenção sobre, o referente da forma pronominal ou da categoria vazia, desambiguizando a mensagem e facilitando a compreensão. Vejam-se os exemplos:

(18) L1 e... depois volto para casa mas chego já apronto *o outro* para ir para a escola... *o menorzinho*... e fico naquelas lides domésticas... (NURC/SP – D2 360:157-159)

(19) ... então os ingleses estão importando os filas nacional/brasileiros... Para... amansarem – isso[2] que é lindo *a contribuição do Brasil para a paz* ((risos)) — não digo entre os povos mas pelo menos entre os cães — para amansar os cães de guarda... ingleses que eram muito ferozes... (NURC/SP – D2 333:1057-1062)

Na terminologia de Blasco (1995), temos aqui o deslocamento para depois do verbo. Segundo a autora, nesses casos o elemento lexical deslocado para depois do verbo é sempre uma espécie de lembrete ("rappel") lexical, referencial e sintático. Para ela, o referente do sintagma deslocado não pode ser pressuposto: será sempre um referente conhecido e dado pelo contexto anterior. Acontece, porém, que, em muitos casos, o referente, mesmo tendo sido mencionado ou indiciado, de alguma forma, no contexto anterior, é difícil de determinar, de modo que o uso desse tipo de construção tem por fim, justamente, deixar claro para o interlocutor, precisando-o melhor, o referente de que se trata, como é o caso em (18).

6. Construções em que se justapõem os dois blocos de informação, sem qualquer ligação sintática. Por exemplo:

(20) "e os amigos... nada..." (embora se trate de um exemplo criado, são construções extremamente comuns na fala espontânea)
(21) porque a telenovela... como é feita aqui é um gênero... que o estrangeiro... o estrangeiro... de bom nível intelec/intelectual que chega ao Brasil... se enamora das boas novelas bem entendido então Gabriela... conversei com um professor francês que disse que jamais isso veria nada parecido em Paris... que achava a televisão que se fazia lá... do ponto de vista ficcional... era... infinitamente pior... porque... eles não têm:: *eles/ eh em matéria de ficção são os velhos filmes não é?* (NURC/SP – D2 333:385-394)

Poder-se-ia, pois, definir os seis tipos aqui apresentados por meio da combinação dos seguintes parâmetros:[3]

Quadro 1

Caso	direção do desloc.	ligação sintática	pres. de pron. sombra
caso 1	esquerda	explícita ou inexistente	sim/não
caso 2	esquerda	explícita	sim
caso 3	esquerda	não explícita-intuível	não
caso 4	esquerda	não há	não
caso 5	direita	explícita ou intuível	sim/não
caso 6	sem deslocamento	não há	não

1.2. Quanto aos **procedimentos linguísticos** utilizados, podem-se, pois, arrolar os seguintes:

1.2.1. deslocamento à direita do SN extraído:
a. com presença de uma forma pronominal no lugar do elemento extraído;
b. sem a presença de qualquer forma pronominal marcando o lugar do elemento extraposto (categoria vazia).

1.2.2. deslocamento à esquerda:
a. com o uso de expressões tematizadoras (exs. 1 a 3);
b. com retomada do elemento tematizado no interior do enunciado (exs. 4 a 8);
c. sem retomada do elemento tematizado no interior do enunciado (exs. 9 a 14);
d. por meio de mera justaposição, acompanhada de entonação específica (exs. 20 e 21).

Nos casos de deslocamento com retomada do elemento tematizado, é interessante examinar a **natureza do elemento deslocado** (função sintática e categoria sintagmática, bem como a do **elemento utilizado como repetidor** e, ainda, as **diferenças que ocorrem conforme os vários casos**.

1. Quanto à função sintática do elemento deslocado (coindexado):

a. sujeito:

(22) ... *a glândula mamária...* como vocês estão vendo... *ela* representa a forma de uma semiesfera... de uma semiesfera... (NURC/SSA – EF 049:41-42)
(23) então *a minha de onze anos* ... ela supervisiona o trabalho dos cinco... (NURC/SP – D2 360:61)

b. sujeito da subordinada:

(24) *medicina* você sabe que (Ø) é prática (NURC/SSA – DID 231:145)
(25) ... *a Air France* a gente só ouve falar que (Ø) dá prejuízo... (NURC/RJ – D2 355:1203-1204)

c. complemento:

(26) inclusive *o tal pato no tucupi* eu achei (Ø) muito ruim ((rindo)) sabe... (NURC/RJ – DID 328:140-141)
(27) mas eu... ahn... *merenda escolar* eu tenho pouca noção (Ø) (NURC/RJ – DID 328:512)
(28) *doce em calda*... eu não vi (Ø) não... (NURC/RJ – DID 328:287-288)

d. complemento da subordinada:

(29) *essas outras peças que eu tenho assistido* eu não acho que o público se manifestasse assim aplaudindo (Ø) (NURC/SP – DID 234:116)

e. adjunto (indexado à posição não-V-argumental), dando origem a "SPs sem-cabeça":

(30) *Paris* eu não pago hotel... *Paris*... eu fico na casa de um amigo... apartamento de um amigo... (NURC/RJ – D2 335:83)
(31) *Drama* já basta a vida (NURC/SP – DID 234:155)
(32) *o Amazonas* é impressionante o número de frutas (NURC/RJ – DID 328:85)

2. Quanto à **categoria sintagmática** do elemento deslocado:

a. SN – simples ou complexo: veja-se, por exemplo, (27), (28), (29), (30);

b. pronome – pessoal ou dêitico:

(33) *eles* também *eles* comem muitas coisas... (NURC/RJ – DID 328:171)
(34) Olhe *isso* eu repito (Ø) ... (NURC/REC – EF 337:140)
(35) é... *isso* eu já estou sabendo a causa (Ø) (NURC/SP – D2 343: 625)

Caso interessante é o seguinte, que parece "ir contra" as regras de anaforização, já que o pronome vem antes de seu referente, ou seja, age cataforicamente:

(36) L. ... inclusive o pato no tucupi eu achei muito ruim... sabe... eu não gostei realmente... achei ruim demais... não... não sei se é por que não é... eles acham aquilo maravilhoso... né... mas pro meu gosto [Doc. como é... você sabe?
L. é o pato é assim... *ele* em *o pato* cozido feito uma espécie de canja... (NURC/RJ – DID 328:140-147).

Talvez se pudesse classificá-lo como um deslocamento à direita, mas não me parece ser este o caso. Seria algo como: "Nesse prato (pato no tucupi) o pato vem cozido..." ou "Ele (o pato) vem cozido".

d. SP:

(37) *De primeira classe* hoje em dia aqui nós temos poucas (Ø) (NURC/SSA – D2 98:194)

e. SP sem-cabeça:

(38) ... *o Amazonas* é impressionante o número de frutas... (NURC/ RJ – DID 328:90-91)

3. Quanto à categoria sintagmática do elemento coindexado interno ao enunciado: embora se costume dizer que o caso mais comum é a retomada através de um pronome-cópia ou pronome-sombra (pessoal, demonstrativo, partitivo), são mais frequentes em nosso corpus as retomadas por meio da repetição integral ou parcial do próprio elemento lexical anteposto, como foi também constatado por Koch (1992) e Callou, Moraes, Leite, Kato et al.(1993) e se pode ver nos exemplos abaixo:

(39) ... então *a salada* pro... pro pessoal de Buenos Aires *a salada* se resume a alface e tomate... (NURC/RJ – DID 328:231-232)

(40) Doc. a que se deve esse hiato que o senhor mencionou?
Inf. o quê?
Doc. esse hiato
Inf. *esse hia::to* olha é um pouco difícil de se estabelecer assim:: a... causa *desse hiato* porque... o... essa... (é) o Orfeu do Carnaval se eu não::estou bem lembrada da data... mas me parece que foi num momento... (NURC/SP – D2 333:698-704)

(41) não... tu vês... por exemplo... o peixe... *peixe* aqui no Rio Grande eu tenho impressão que se come *peixe* exclusivamente na Semana Santa... (NURC/POA – D2 291:25-26)

(42) *um arquiteto que se forma*, o salário inicial de *arquiteto* (es)tá em torno de quatro mil e quinhentos cruzeiros... (NURC/ RJ – D2 335:265-267)

Questão interessante, que já tem sido objeto de estudos na área da sintaxe (cf., por exemplo, Kato, 1989) e na interface sintaxe/discurso (cf. Pontes, 1987), é a do SP sem-cabeça: sendo o elemento tematizado um adjunto adverbial introduzido por preposição, ao operar-se o deslocamento para a esquerda, a preposição é, com grande frequência, omitida na fala. Isso me leva a discordar de Ilari (1992:56), quando afirma haver "uma compulsão para preposicionar o tópico quando falta um pronome-sombra no comentário" (o que explicaria, inclusive, o uso do objeto direto preposicionado), mesmo porque tal uso fica praticamente limitado à linguagem escrita ou à fala altamente formal.

Relevante é lembrar, como o faz também Blasco (1995:53), que os elementos lexicais deslocados para diante do verbo, mesmo que já tenham sido mencionados no contexto precedente, nem sempre correspondem a entidades *dadas*, no sentido de informação velha, de modo que se faz preciso distinguir entre retomada lexical e retomada referencial.

Há casos, por exemplo, em que se antepõe ao verbo um SN genérico, que é depois retomado no interior do enunciado por um pronome ou um SN definido, que refere membros da classe, sendo, pois, ao mesmo tempo, novo e previsível, devido à relação semântica que mantém com o SN já mencionado:

(43) como assim? não entendi a sua dúvida por exemplo o::... *lemingue* toda vez que tem superpopulação *eles* vão para o mar e:: se matam aos montes (NURC/SP – D2 343:1466-1468)

Outras vezes, o SN anteposto é retomado apenas parcialmente (cf. ex. 42); ou, então, expande-se, por ocasião da tematização, um

SN presente no contexto imediatamente anterior (em exemplos como "**O motor** é **novo;** *um motor novo,* **ele** necessita de um tempo de amaciamento". Pode ocorrer, também, a tematização de um elemento lexical que designa um *domínio de referência* (frame), sendo o elemento de retomada um dos elementos desse domínio (em exemplos do tipo *O ônibus, o pneu* estava furado), isto é, o elemento de retomada pode remeter a algum conhecimento pressuposto pelo SN tematizado. Também aqui, o elemento deslocado é, ao mesmo tempo, novo e previsível, em função do nexo semântico que mantém com um elemento precedente[4].

Há, ainda, casos como o do ex. (17), em que o "hanging topic" – *o direito* – é, em seguida, especificado por outro elemento tematizado – *o fenômeno jurídico* –, sendo este retomado no interior do enunciado.

Interessante é também o exemplo (44) abaixo, em que o SN complexo tematizado é retomado por outro elemento também tematizado, no caso, o demonstrativo *aquilo*:

(44) *aquelas matérias todas que publicam ali* **aquilo** *até eu coleciono* (Ø) (NURC/SP – D2 255:1176-1177)

Outro caso em que o elemento tematizado não veicula necessariamente informação dada é aquele em que dois enunciados são ligados por conectivos semânticos. Reinhart (1980) defende a posição de que, ao relacionarem dois enunciados, os conectivos semânticos abrem a possibilidade de introduzir, no tema (marcado) do segundo, informação nova. Seria o caso de:

(45) L1 *agora eu vou por isso só... porque eu tenho que fazer esse negócio e vou aproveitar pra uma coisa que há muito tempo desejava ver... que é o Maquiné...*

L2 Maquiné...
L1... tem uma visita à gruta do Maquiné... porque *Ouro Preto* eu já conheço já tive lá... *Congonhas* também... de modo que minha pretensão agora é essa ... (NURC/SSA – D2 89:432)

Contudo, a informação aqui introduzida é nova apenas com relação ao contexto imediatamente precedente: levando-se em conta que o tópico desse segmento é **viagens** e que o locutor está falando de Maquiné, local turístico do Estado de Minas, Ouro Preto e Congonhas fazem parte do mesmo *frame* ou domínio de referência.

1.3. Quanto às funções da tematização:
Vimos acima que, ao lado das sequências em que há integração plena entre elementos temáticos e remáticos, sem segmentações ou retomadas pronominais – as construções não marcadas, que constituem um padrão neutro em relação a oralidade/escrita – têm-se procedimentos de tematização marcada, alguns também comuns aos textos falado e escrito (em geral aqueles em que se verifica maior integração sintática!), outros típicos apenas da modalidade oral. Pode-se dizer que, de modo geral, ao recorrer às construções com tema marcado, o falante seleciona um elemento (estado de coisas, propriedade, relação, coordenada espacial ou temporal, indivíduo ou grupo de indivíduos etc.) que deseja ativar ou reativar na memória do interlocutor e sobre o qual seu enunciado deverá lançar nova luz, para apresentar a seguir algo que considera desconhecido por este, que deseja enfatizar ou com o qual pretende estabelecer algum tipo de contraste. É por esta razão que o elemento tematizado desempenha papel relevante no processamento pragmático-cognitivo do sentido, na medida em que esta forma de organização é determinada quer por

questões ligadas à continuidade ou mudança de tópico, quer por fatores como facilitação do processamento do texto, interesse, relevância, expressividade, necessidade de ganhar tempo para o planejamento da parte restante do enunciado, entre outros. Vejamos um exemplo em que, através da tematização, se introduz um novo segmento tópico:

(46) Doc. agora aquela zona ali do Paraná... eu tenho parentes lá... *as sobremesas deles* você teve oportunidade de...
L. ah... sobremesas... não... nós não ficamos muito tempo em Curitiba nós... fomos a/ viemos.... quando nós voltamos da Argentina nós fizemos pernoite só em Curitiba e viemos... entende?
(NURC/RJ – DID 328:252-258)

Em (47), por sua vez, a tematização do SN *bebida alcoólica* na resposta do informante assinala a mudança de tópico induzida pela pergunta do doc.

(47) Doc. e bebida alcoólica?
L. *bebida alcoólica*... eu gosto muito... sabe... e domingo também eu às vezes me dou ao luxo... eh... às vezes a gente põe assim um vinhozinho... então a gente toma vinho de acordo também com o tipo de comida... se é carne... aqueles hábitos que a gente tem... se é carne é vinho tinto... se é peixe a gente usa vinho branco...
(NURC/RJ – DID 328:772-778)

O exemplo (4), aqui repetido como (48), é um exemplo em que, através da tematização, ocorre a retomada de um tópico anterior (*Nelson*, marido da locutora, havia constituído o tópico de um segmento anterior do diálogo):

(48) ... ele vai ao jogo de futebol com o tio... porque *o Nelson*... fins de semana *ele* estuda então:: quase não sai com a gente (NURC/SP – D2 360:1356-1358)

Em (49), temos um caso semelhante: o documentador apresenta um quadro tópico – *derivados do leite* – cujos diversos itens a locutora passa a desenvolver para, no final, através de um "aposto resumitivo", reiterar o tópico que lhe foi oferecido, sob forma de um antitópico:

(49) Doc. há um derivado da:: do leite... que (assenta) bem em regimes... dependendo do tipo né?
L. é o queijo de Minas... eu o uso:: de manhã às vezes eu como um pedaço de queijo Minas... e quando eu éh quando eu sinto que vou passar (um) período do dia... fora de casa que eu não vou chegar a tempo pra comer meio-dia... eu então levo um pedaço de queijo de Minas... é o que eu uso e/uso também muita ricota... Doc. ah tá...
L. ... gosto muito de ricota... sa/ *iogurte* às vezes eu em vez de tomar café com leite... eu tomo *iogurte* ou coalhada também... que eu gosto... sabe?... eu gosto muito de coalhada... iogurte *esses produtos derivados do leite* eu... mas só... queijos brancos... eu só como queijos brancos (NURC/RJ – DID 328:610-623)

Outra função que costuma ser atribuída à tematização é de estabelecer contraste entre a informação veiculada pelo elemento tematizado e alguma informação apresentada anteriormente ou à qual a primeira se opõe. Veja-se, por exemplo:

(50) L2... os outros mesmos não se incumbem de colocá-la no lugar dela?
L1 bom... *com uns TApas*... às vezes ela se coloca
L2 ahn
L1 [mas *com palavras* ela não se coloca porque ela
L2 [ahn
L1 aumenta a voz com os irmãos... não é?... (NURC/SP – D2 360:228-234)

Função interessante é aquela apontada por Blasco (1995:52). Segundo ela, o deslocamento do SN para diante do verbo funciona como um dispositivo que permite retomar, em posição associada ao sujeito, um elemento lexical com todo o seu peso referencial. Assim, de uma parte, o elemento lexical se desloca no interior do discurso de uma posição construída pelo verbo regente (argumental) a uma posição não construída (não argumental); de outra parte, esse deslocamento permite "retomar" o elemento já citado no contexto anterior em posição associada ao sujeito, podendo-se, assim, dizer que se trata de *uma articulação sintática que organiza a repetição*.

A par de tudo o que foi discutido acima, pode-se afirmar, de conformidade com Van Dijk (1982, 1983) que, ao estabelecer o quadro geral de referência no interior do qual o conteúdo proposicional do enunciado se verifica, a estratégia da tematização desempenha papel de relevo na construção da coerência, tanto no nível local, quanto no nível global do texto.

2. Sequências rema-tema

Ao lado das estratégias de tematização anteriormente descritas, existem, também, as estratégias de *rematização*, responsáveis pela marcação do elemento focal, frequentemente com a anteposição do rema ao tema.

2.1. Também aqui podem-se observar **diferentes graus de integração sintática**, nos termos de Koch & Oesterreicher (1991):
1. Casos em que se verifica um alto grau de integração sintática é o de algumas das orações, comuns à fala e à escrita, denominadas *cindidas* por Ilari (1992:43), nas quais ocorrem "partículas de realce" ou construções gramaticais utilizando orações relativas que "desdobram" a oração em duas partes. Tais orações são também denominadas na literatura de *clivadas* (cf., por exemplo, Kato et al. 1995; Braga, 1991), podendo apresentar configurações sintáticas bastante diferentes.

Em (51), que é clivada, bem como em (52), que constitui clivada com inversão (cf. Kato et al., 1995), antepõe-se o elemento focal, ocorrendo, portanto, a rematização:

(51) *é* **o tal problema** *que* a gente sente (NURC/SP – D2 62:325-326)

(52) ... *é* **isso** *que* eu acho entende? (NURC/SP – D2 62:436 – D2 343:1571-1573)

Já (53) consiste em exemplo do que se tem denominado pseudoclivada em que ocorre rematização:

(53) *o que me revolta profundamente é* o programa Cinderela (idem).
(NURC/SP – D2 333:1117)

2. Construções com rema anteposto, marcado apenas prosodicamente, específicas da modalidade oral. Segundo Ilari (1992:43-44), a expressão do rema está sempre associada a algum tipo de proeminência entoacional. Assim, ao papel de rema estaria ligado um invariante fonológico que permite o seu reconhecimento nas diferentes posições da oração em que possa ocorrer[5]. Vejam-se alguns dos exemplos extraídos de nosso corpus:

(54) ... passei ali em frente à:: Faculdade de Direito... então estava lembrando... que eu ia muito lá quando tinha sete nove onze... (com) a titia sabe?... e:: *está muito pior* a cidade... está... o aspecto dos prédios assim é bem mais sujo... tudo acinzentado né?
(NURC/SP – D2 343:20-24)

(55) L1... e toda segunda à noite eu passo ali do lado da faculdade certo?
L2 quando você vai pra:: para Aliança né?
[
L1 é quando eu pego o carro... e:: *também é horrível* o aspecto... (parece) assim montoeira de concreto... sem nenhum aspecto humano certo?
(NURC/SP – D2 343:28-33)

(56) ... Lins por exemplo não é assim né? você tem... tem um aspecto de::... de acho que *parece bairro* a cidade né? (NURC/SP – D2 343:58-59)

(57) Doc. vocês acham então que o noticiário em TV tem melhorado bastante
[

tem *pode melhorar mais nesse ponto o o:: telejornal nosso...
pode aprimorar bastante...* eu acho... *bastante*
(NURC/SP – D2 333:988-992)

Interessante é notar que, no exemplo anterior, tem-se um caso de "double-bind" sintático (cf. Frank, 1986): o tema *o o::
telejornal nosso*, posposto ao rema, torna-se, por sua vez, o tema (não marcado) do rema seguinte *pode aprimorar bastante.*

(58) então o cara aí... analogia né? o cara está no carro mas... o que querem?... *é tribal* a coisa né? (NURC/SP – D2 343:701-702)

(59) e o pato é assim... ele vem o pato cozido feito uma espécie de canja... só que o caldo é justamente é uma água misturada com uma farinha eu acho que é... *é tal tacacá* se não me engano o nome da farinha que eles usam... (NURC/RJ – DID 328:133-136)

3. Sequências formadas dos dois blocos – rema-tema – sem verbo, apenas justapostos sem vínculo sintático, em que ocorre um aumento da expressividade, a par de um menor esforço de planejamento[6]:

(60) ... eu gostei é um filme de amor... umas cenas maravilhosas... *lindo* o filme... eu assisti faz tempo já... (NURC/SP – DID 234:335-337)

4. Sequências em que se antepõe um elemento remático que é repetido imediatamente na sequência (cf. Castro, 1994). Trata-se de repetição que incide quase sempre sobre um substantivo, adjetivo, advérbio ou verbo, tendo, como uma

das principais funções, enfatizar o significado essencial do termo ou, muitas vezes, questionar a adequação de seu emprego naquela situação. Por exemplo, "almoçar, não almocei ainda; só comi um sanduíche na cantina"; "bom bom, só achei o último capítulo". Todavia, no exemplo (65), extraído do nosso corpus, não me parece ser esta a função, mas algo como "você me pergunta se evoluiu, e eu me apresso a responder" ou, então, "é preciso reconhecer que evoluiu":

(61) Doc. você acha que o teatro evolui::u? como é que está?
Inf. *evoluir* evoluiu... evoluiu muito o teatro principalmente no Brasil...
(NURC/SP – DID 161:625-627)

2.2. Quanto aos **procedimentos linguísticos utilizados**, tem-se, basicamente, o deslocamento à esquerda. Este pode ocorrer acompanhado apenas de marcas prosódicas (casos 2 e 3), ou com a utilização de determinadas marcas sintáticas que caracterizam as orações cindidas (caso 1), a saber:
a. expressão *é que (foi que)* delimitando o rema anteposto;
b. expressão *é que (foi(o)) que/que)* seguindo o rema anteposto;
c. construções gramaticais usando orações adjetivas, como *o que (me)... é/foi*, podendo o pronome relativo vir elidido.

2.3. Quanto às **funções** que desempenham as construções com anteposição do rema, verifica-se que estão diretamente ligadas à expressividade e ao envolvimento do falante com o assunto e com o interlocutor, sendo, por isso, mais frequentes na fala do que na escrita, especialmente em situações de interação menos formais.

A anteposição do rema ao tema constitui expressão de alto envolvimento. Na perspectiva do falante, permite-lhe antecipar na formulação aquilo que constitui a meta de sua comunicação; do ponto de vista do interlocutor, tal sequência, normalmente acompanhada de acentuação entonacional do rema, é sentida como marcada relativamente à sequência tema-rema e, portanto, veiculadora de algum tipo de informação discursiva adicional, o que, sem dúvida, compensa o seu duplo custo operacional: o rema fora de sua posição sintática normal e de sua posição em termos da estrutura informacional *dado/novo*.

Assim, no caso das orações cindidas, em que comumente a parte focal representa informação nova e a parte pressuposicional, informação dada, a função é enfatizar o rema anteposto. Desta forma, um importante fator determinante do uso das cindidas seria o propósito do falante de assinalar uma sutil oposição ou contraste. Segundo Hupet & Costermans (1982:280), ao usar uma estrutura cindida, a intenção do falante é contrastar sua mensagem com qualquer outra proposição que poderia invalidá-la. Os autores acabam por concluir que, em termos dos componentes pragmáticos determinantes desse uso, as cindidas podem ser vistas como motivadas pela discordância que o falante supõe existir entre a sua posição e aquela que ele se sente autorizado a atribuir ao seu interlocutor. É importante essa ressalva: não se trata da real posição do interlocutor, mas daquela que o falante lhe atribui, isto é, das crenças que, correta ou incorretamente, o falante atribui ao seu parceiro.

Hupet & Costermans ressaltam, ainda, que há casos em que a oração cindida enfatiza não um elemento que poderia ser visto como não partilhado pelo interlocutor, mas um elemento sobre o qual o próprio falante não tinha total certeza até alguns minutos atrás. Aqui seria como se o falante "falasse com seus botões", corrigindo seu ponto de vista anterior.

Ao contrário das estratégias de tematização, que têm sido objeto de ampla gama de investigações, as estratégias de rematização, excetuando-se o caso das orações clivadas e pseudoclivadas, constituem um domínio ainda pouco explorado, pelo menos no que diz respeito ao português (ressalve-se, contudo, o trabalho de Ilari, 1987/1992).

CONSIDERAÇÕES FINAIS

O grupo de estratégias que estamos estudando sob o rótulo de *segmentação* tem interferência direta na produção do sentido e exerce, portanto, papel relevante na construção do texto e da coerência textual.

As marcas de redundância implicadas na formação das construções segmentadas, conforme ressalta Lèbre (1987:129), constituem, para o locutor, um meio de remediar os inconvenientes da linearidade da fala, já que nesta qualquer retorno é impossível, bem como acrescentar ao seu enunciado índices que, sem elas, não lhe seria possível inserir.

Frequentemente, as construções segmentadas, por vezes precedidas ou seguidas de hesitações ou de marcadores discursivos como *enfim, quer dizer, bom, bem*, entre outros, são resultantes de estratégias de reformulação ou correção do texto falado.

Além disso, como bem mostra Lèbre, a segmentação permite ao locutor proceder a uma espécie de hierarquização das unidades linguísticas utilizadas, e apresentar um ponto de vista pessoal, modalizando destarte seu enunciado. Desta forma, tais construções constituem marcas da inscrição do enunciador no discurso.

Ao destacar um elemento do enunciado, estabelece-se uma oposição entre ele e outros elementos, que pode ser explícita ou implícita. As oposições implícitas, que são apenas sugeridas pelo elemento destacado, revelam a presença de um *não dito*: "Fazer de um objeto (elemento, N. T.) qualquer um tema marcado, isola-o e, dessa forma, o define como algo cujo comentário somente a ele pode ser aplicado. Há uma exclusão implícita em toda topicalização, e, em todo tema marcado, há sempre, implícito, um outro".[7]

Além disso, salienta Lèbre, as construções segmentadas desvelam um *não dito* de certa forma inerente à elaboração de toda e qualquer produção de linguagem, já que permitem distinguir entre o que é posto e o que é pressuposto e estabelecem as próprias condições de existência do discurso.

Assim, para o interlocutor, as construções segmentadas são também o índice de uma confrontação ou de uma aproximação não explicitamente marcada entre os propósitos explicitamente apresentados e outras produções discursivas, o que vem comprovar a afirmação de Bakhtin (1929:113) de que "toda comunicação verbal, toda interação verbal, desenrola-se sob a forma de um intercâmbio de enunciados, isto é, sob a forma de um diálogo".

São as aproximações implícitas que permitem relacionar a expressão destacada, isolada do enunciado, à temática global de um discurso, estabelecendo um liame entre seus diferentes segmentos. Isto explica por que, muitas vezes, o emprego de construções segmentadas coincide com a passagem de um segmento tópico a outro, isto é, marca uma mudança ou um deslocamento do tópico discursivo.

Outra função importante das construções segmentadas em que se desloca para a direita o elemento extraído é, como foi dito, a de desambiguizar o enunciado e facilitar a compreensão: a redundância assegurada pela retomada contribui para a melhor interpretação do texto e para a construção de sua coerência.

Por todas essas razões – a par de outras que não puderam ser aqui destacadas – é que se pode afirmar que as *estratégias de segmentação* desempenham papel de relevância na construção e na compreensão do texto falado. Embora muitas delas já tenham merecido bastante atenção da parte de muitos sintaticistas e semanticistas, as abordagens textuais-discursivas são ainda pouco numerosas em nosso país, especialmente em se tratando das estratégias de rematização, embora, evidentemente, se deva ressalvar, a par de outros, os autores citados neste trabalho.

Notas

1. "'A expressão *unidade comunicativa* é aqui tomada (cf. Rath, 1979) como substituto conversacional para 'frase', ou seja, é a expressão de um conteúdo que pode dar-se, mas não necessariamente, numa unidade sintática tipo frase." (Marcuschi, 1986:61/62)
2. Observe-se que *isso*, neste exemplo, parece funcionar, simultaneamente, como anafórico e catafórico, isto é, remete tanto ao que o precede, como ao que vem na sequência.
3. Este quadro me foi sugerido por Rodolfo Ilari, mas, infelizmente, acho que não consegui dar-lhe o aspecto sintetizador por ele proposto. Aceito sugestões dos colegas mais dotados.
4. Tais entidades entram na categoria das *inferíveis*, na classificação proposta por Prince (1981).
5. Muitos autores tratam tais exemplos como casos de deslocamento à direita. Ilari, por exemplo (comunicação pessoal) os enquadraria como antitópicos; Kato (1989) os considera como exemplos de deslocamento à direita do tópico, que supõem um sujeito nulo. Prefiro, contudo, sustentar a tese da rematização e acredito que uma análise prosódica mais acurada que pretendo empreender com o auxílio de um fonólogo deverá vir a reforçar esta posição.

6. É o que Kato (1989) denomina *free small clauses*.
7. "*Faire d'un objet quelconque un thème marqué, l'isole et par là même le définit comme quelque chose dont le commentaire ne peut s'appliquer qu'à lui. Il y a une exclusion implicite dans toute topicalisation, et dans tout thème marqué, il y a toujours, implicite, un autre*". (Laparra, 1982:222, apud Lèbre, 1987).

A REPETIÇÃO COMO ESTRATÉGIA DE CONSTRUÇÃO DO TEXTO FALADO

A repetição tem sido, tradicionalmente, avaliada de forma negativa. Costuma-se criticar os textos em que aparece como "redundantes", "circulares", "mal-estruturados", admitindo-se o seu emprego apenas como um recurso estilístico consciente, quando ela então se torna um "ornamento do discurso".

No entanto, apesar de tais atitudes negativas relativamente à repetição, ela constitui uma constante, na conversação cotidiana, em qualquer palestra ou discussão, em aulas e exposições em geral, na interação com familiares ou colegas. Trata-se, na verdade, de uma estratégia básica de estruturação do discurso: os textos que produzimos apresentam uma grande quantidade de construções paralelas, repetições literais enfáticas, pares de sinônimos ou quase sinônimos, repetições da fala do outro e assim por diante.

Tannen (1987:216), defendendo a posição de que há uma tendência universal humana para imitar e repetir, invoca as palavras de Freud: "A repetição, a reexperienciação de algo idêntico, é claramente em si mesma uma fonte de prazer". Contrariamente ao senso comum, que sugere ser maçante aquilo que é pré-estrururado, fixo, repetido, a autora acredita que a emoção está intimamente associada ao familiar, àquilo que se repete.

Parece-me que Tannen foi ao fulcro da questão. As crianças sentem prazer em repetir palavras, jogos de palavras, expressões ou frases inteiras. Gostamos de repetir provérbios, frases feitas, trechos de canções famosas, slogans políticos ou publicitários, palavras, expressões ou enunciados inteiros que são constantemente pronunciados por artistas de TV. Além disso, existe a "sacralização" das fórmulas estereotípicas rituais que a sociedade exige sejam repetidas de forma idêntica nas mesmas situações, com sanções maiores ou menores para os casos de transgressão. A repetição é fundamental, tanto em situações rituais ou em discursos altamente formalizados (ou formulaicos), como na interação cotidiana, por exemplo, em pares adjacentes como cumprimentos, agradecimentos, despedidas e fórmulas de cortesia em geral.

Marcus (1985), ao tratar da comunicação diplomática, procedendo a uma revisão das máximas de Grice (1975), critica, quanto 'Máxima de Modo', em particular o item "seja breve", que, segundo ele, parece ir contra um dos traços básicos da comunicação diplomática, na qual "um grande número de expressões estereotípicas são sempre de novo repetidas, em diversos momentos, no intuito de assegurar que determinados princípios, postulações, exigências não sofreram alteração, de modo que sua presença no texto pode até não ser percebida, mas sua ausência seria significativa. Desta forma, a redução das ambiguidades, generalidades, repetições não só prejudicaria a função fática que, para ele, é a mais importante na comunicação diplomática, como ainda poderia não atender a outras exigências desse tipo de comunicação.

REPETIÇÃO E COGNIÇÃO

Além de ser uma forma de aprendizagem (e de aprendizagem de línguas em particular), a repetição constitui, como postula Johnston (1987), um meio de criar categorias: itens novos, desconhecidos, podem ser agrupados em categorias linguísticas e culturais subjacentes, ao lado de itens conhecidos, familiares, quando aparecem em frames repetidos no discurso. Em outras palavras, a repetição permite assimilar o que é novo ao que é já conhecido. Gibbs (1982), por sua vez, mostra que, quanto mais convencionalizado for o sentido de uma expressão, tanto mais automática e rápida será a sua compreensão. Assim sendo, formas não literais dotadas de sentido convencional e sempre repetidas de maneira idêntica, são processadas imediatamente como um todo, sem apelo ao sentido literal. Em se tratando de atos de fala indiretos ou de expressões idiomáticas, o processamento será mais rápido ou mais lento, conforme sejam repetidos de forma idêntica ou submetidos a ligeiras alterações.

REPETIÇÃO E INTERAÇÃO

Todo e qualquer discurso é desenvolvido interacionalmente, no sentido de que faz eco a enunciados anteriores. Só podemos dizer coisas particulares, de forma particular, porque ouvimos outros dizerem coisas similares de forma idêntica ou similar (Tannen, 1987:216). Embora admitindo existir resistência por parte de muitos autores em aceitar a visão de linguagem como algo previamente estruturado, imitativo e repetitivo já que isto poderia implicar a visão do ser humano como destituído de independência, Tannen prefere não pensar a questão por esse lado; para ela, é justamente devido à pré-estruturação e à automaticidade da linguagem que os falantes são indivíduos altamente interativos, capazes de usar a repetição como base da criatividade e do conhecimento ou da consciência de si mesmos: longe de nos tornarmos autômatos "coisificados", como querem alguns, esta visão de linguagem faz de nós "eus" mais interativos.

PRINCIPAIS ENFOQUES DADOS À REPETIÇÃO

Johnston (1987) classifica os estudos sobre a repetição em quatro grandes grupos, conforme o centro de interesse das pesquisas: 1. as que examinam a repetição enquanto mecanismo coesivo; 2. as que a estudam como recurso retórico; 3. as que se voltam para os seus efeitos semânticos, ou seja, procuram verificar de que modo os itens lexicais contíguos repetidos afetam um ao outro; 4. as que procuram demonstrar a importância da repetição na aquisição da linguagem, na socialização linguística e no ensino de línguas.

Desses enfoques, interessam-me, em especial, o primeiro e o segundo, de modo que, no que segue, farei apenas uma breve alusão ao terceiro e ao quarto.

A repetição como mecanismo coesivo (textualizador)

Como foi observado na Parte I deste livro, é impossível a existência de textos veiculadores exclusivamente de informação nova, já que, para a ancoragem da informação desconhecida, faz-se necessária a informação co ou contextualmente dada, que precisa ser repetida por diversas vezes no desenrolar do texto. Assim sendo, a repetição deve ser vista como um mecanismo essencial no estabelecimento da coesão textual.

Em termos de coesão referencial, a estruturação das cadeias coesivas se faz justamente por meio de recursos reiteradores, de ordem gramatical ou lexical. Por outro lado, em se tratando da coesão sequencial, em suas duas modalidades frástica e parafrástica, verifica-se que esta última se realiza sempre através de algum tipo de recorrência: repete-se um mesmo item lexical, o mesmo tempo verbal, a mesma estrutura sintática (paralelismo), conteúdos semânticos similares (paráfrase), elementos fonológicos segmentais e prosódicos, como fonemas (aliteração/ assonância), grupos de fonemas, "ritmos padronizados" (cf. Tannen, 1985) etc.; e, na coesão sequencial, a continuidade dos sentidos no texto é assegurada, em parte, pelos recursos de manutenção temática, entre os quais se destaca a recorrência de itens de um mesmo campo conceitual ou lexical, muitas vezes também morfologicamente relacionados.

A repetição como recurso retórico

Em grande número de casos, como veremos adiante, os recursos textuais mencionados no item anterior têm, quando usados intencionalmente, funções retóricas (didáticas, intensificadoras ou argumentativas). Trata-se da estratégia a que costumo denominar informalmente "técnica da água mole em pedra dura": repete-se como meio de "martelar" na mente do interlocutor até que este se deixe persuadir. A reiteração de um mesmo item lexical, de uma expressão ou descrição definida, o paralelismo (rítmico e sintático), a recorrência de elementos fonológicos e, evidentemente, os vários tipos de paráfrase têm basicamente essa função. Reformulações parafrásticas, em geral introduzidas por marcadores específicos (isto é, ou seja, ou melhor, quer dizer, em outras palavras, em síntese, em resumo etc.), têm por função reajustar, precisar melhor o que foi anteriormente enunciado, reiterando, ao mesmo tempo, as ideias e argumentos básicos para assim obter a concordância e/ ou a adesão do interlocutor, vencendo-lhe a resistência. É por esta razão que Johnston (1987) afirma que a repetição serve para criar a presença retórica, isto é, o "foregrounding" de uma ideia, que pode servir para torná-la persuasiva, ainda que sem nenhum suporte lógico. É o que se pode verificar nos exemplos (1) a (4) abaixo.

No exemplo (1), extraído de uma aula de segundo grau, a repetição visa a facilitar a compreensão, dando ao interlocutor (no caso, os alunos) o tempo necessário para o processamento da informação:

(1) ... ora a maneira do homem pré-histórico era... Basicamente eu preciso comer... e eu preciso::... me defender dos animais e eu preciso me esquentar na medida do possível... certo? (NURC/ SP – EF 405:109-113)

Veja-se, agora, a função intensificadora da repetição no exemplo (2):

(2) porque é MUIto a gente vive de motorista o dia inTEIRO mas o dia INTEIRO... uma corrida BÁRbara... (NURC/SP – D2 306:93-94)

Nos exemplos (3) e (4), um da modalidade oral e outro da modalidade escrita, a repetição exerce função argumentativa ou persuasiva. A reiteração de um mesmo item lexical, de uma expressão definida, o paralelismo (rítmico e sintático), a recorrência de elementos fonológicos (segmentais e suprassegmentais) e, evidentemente, os vários tipos de paráfrase exercem, em grande número de casos, essa função.

(3) (=9, cap. 2)... eu acho que o meu conceito de morar bem é diferente um pouco da maioria das pessoas que eu conheço... a maioria das pessoas pensa que morar bem é morar num apartamento de luxo... é morar no centro da cidade... perto de tudo... nos locais onde tem assim mais facilidade até de comunicação ou de solidão como vocês quiserem meu conceito de morar bem é diferente... eu acho que morar bem é morar fora da cidade... é morar onde você respire ... onde você acorde de manhã como eu acordo e veja passarinho à vontade no quintal é ter um quintal... é ter árvores... é morar perto do mar... eu não entendo se morar longe do mar

(4) A voz do povo

"Que povo é este? O povo é povo ou é elite? O povo é a fonte do poder ou é vítima do poder? Há um modo de pensar que é o modo do povo, e há um modo de pensar que é contrário ao modo do povo. O povo quer pensar e resolver seus problemas com o seu próprio modo de pensar. Resolvê-los com qualquer outro modo de pensar é violência contra o povo. Que setor do povo é esse que vota em candidato que não é a voz do povo? Que setor do povo é esse que quer casa, saúde, salário digno, escola, terra, segurança, melhor distribuição de renda, ética na política – mas apoia quem não é a voz do povo? (...) (Goffredo da Silva Telles Júnior, *Folha de São Paulo*, Painel do Leitor)

Efeitos semânticos da repetição

Tanto no campo da semântica, como no da estilística e da retórica, são muitos os trabalhos que se têm ocupado dos efeitos semânticos da reduplicação (total ou parcial) de morfemas e de itens lexicais, entre os quais os mais frequentemente apontados são: intensidade, ênfase, iteração, frequência, continuação, progressão, habitualidade.

Ishikawa (1991:564) reduz tais efeitos a três principais: intensidade, iteração e continuação. Segundo ela, trata-se de significados icônicos, isto é, seriam espécies de diagramas, em termos peirceanos, em que a relação entre partes da forma assemelha-se à relação entre partes do sentido que tais formas representam: 1. o diagrama em que, a quantidade aumentada de forma assemelha-se à quantidade aumentada de significado da forma (intensidade); 2. o diagrama em que a forma repetida assemelha-se à ação repetida (iteração); 3. o diagrama em que a quantidade aumentada de forma assemelha-se à extensão de tempo aumentado durante a ação (continuação).

A importância da repetição na aquisição da linguagem, na socialização e no ensino de línguas

Psicolinguistas, psicólogos, antropólogos, sociólogos, bem como pesquisadores nas áreas de comunicação e de pedagogia de línguas, entre outros, têm comprovado a relevância funcional da repetição em seus respectivos domínios, existindo atualmente uma rica bibliografia a respeito do tema. Embora reconhecendo-se a importância e o interesse do assunto, não se desenvolverão aqui tais questões.

A REPETIÇÃO NA LÍNGUA FALADA:
TIPOS E FUNÇÕES

As pesquisas mais recentes apontam motivações cognitivas e interacionais da repetição na fala, tanto em termos de processamento, quanto no que diz respeito a estratégias de persuasão, além de constituir, como vimos, importante mecanismo que permite tornar o texto mais coeso, acessível e coerente. Embora sejam múltiplas as funções potenciais detectadas para a repetição na língua falada, cabe lembrar que tais funções não são, de modo algum, exclusivas entre si, de modo que sua classificação só pode ser feita, como bem mostra Norris (1987), em termos de dominância relativa de uma ou outra das propriedades ou de sua presença em grau mais elevado.

Tipos de repetições

Deve-se a Jefferson (1972) uma primeira distinção entre repetições *significativas* e *marginais*. Segundo ele, as verdadeiras repetições selecionam uma ocorrência prévia similar para sobre ela efetuar alguma operação, como ocorre, por exemplo, quando o segundo falante repete um enunciado produzido pelo primeiro, dando-lhe uma entonação interrogativa. Seriam marginais as repetições devidas a dificuldades de planejamento/linearização, em que o falante não opera nenhuma alteração sobre o elemento repetido. Como no caso de repetições que acompanham uma interrupção para garantir a continuidade da enunciação. Tais repetições, no entanto, são extremamente frequentes, visto que é comum os falantes utilizarem esse recurso para ganhar maior tempo de planejamento.

Tem-se feito distinção, também, entre repetições orientadas para a produção e orientadas para a compreensão. Para Norris, a classe limitada de repetições significativas de Jefferson tenderia a excluir todos os casos de empréstimo de frases alheias, explicáveis em termos da tarefa de produção do falante na interação face a face, especialmente da exigência de contribuir de maneira relevante, apesar dos ruídos externos, interrupções, diferenças de conhecimento partilhado e tempo mínimo de planejamento, o que o leva, frequentemente, à repetição idêntica ou apenas ligeiramente modificada do turno do falante anterior. Ressalta, ainda, que muitas vezes as repetições são orientadas simultaneamente para a produção e a compreensão, como acontece no exemplo de Jefferson, quando o interlocutor repete uma frase declarativa do parceiro com entonação interrogativa, pois ao usar o enunciado já formulado para criar uma pergunta, ele não só simplifica a produção, como ainda deixa clara para o interlocutor a força ilocucionária de seu enunciado.

Tem-se diferenciado, ainda, repetições não intencionais de repetições intencionais, produzidas com objetivos textuais e/ou interacionais específicos; repetições contíguas ou próximas e distantes; repetições literais e não literais; repetições autorrealizadas (de iniciativa do próprio falante) e heterocondicionadas (provocadas pela interferência do parceiro). Finalmente, costuma-se distinguir as autorrepetições das alo ou heterorrepetições.

Alorrepetições

Entre as inúmeras funções das alorrepetições (repetições da fala do outro), podem-se destacar os seguintes casos:
1. O falante repete, no todo ou em parte, o enunciado produzido pelo parceiro, como se pensasse em voz alta, para

garantir a posse do turno e ganhar tempo de planejamento, isto é, o empréstimo facilita-lhe o trabalho de produção.

2. A repetição é dominante nas aberturas e fechamentos da conversação, devido à existência de um pequeno número de formas padronizadas.

3. Tanto em perguntas como em respostas, os parceiros estruturam com frequência seus turnos sobre os enunciados de turnos anteriores: a utilização da repetição em respostas ou mesmo durante o turno do parceiro pode ter por fim demonstrar atenção, interesse, concordância ou deferência, sendo comum, nesses casos, o uso da estratégia de expansão ou reduplicação.

4. Muitas repetições funcionam quer como sinais retroalimentadores ("backchannels"), quer como sinais de entrega de turno.

5. Repetições acompanhadas de certas expressões fisionômicas, movimentos corporais, entonação característica servem, frequentemente, para ridicularizar ou ironizar o que foi dito pelo parceiro.

6. Ao encontrar dificuldades em encontrar a palavra ou expressão adequada, o falante aceita, muitas vezes, a ajuda do parceiro, repetindo a palavra que este lhe sugere e incorporando-a ao seu discurso.

7. Uma repetição com entonação interrogativo-exclamativa pode exprimir surpresa ou descrença; com acento contrastivo sobre um elemento que foi substituído pode funcionar como provocação ou enfrentamento.

8. Uma asserção repetida com acréscimo da negação transforma-se em contradição do enunciado anterior do parceiro; havendo substituição de uma palavra ou frase, tem-se uma correção da ocorrência anterior.

9. Um tipo de repetição que se segue imediatamente ao enunciado original, embora não se trate de membro de par adjacente, é a do professor ao reproduzir ou resumir a pergunta ou o comentário de um aluno, para garantir que a classe toda acompanhe, sem que a repetição signifique aprovação ou adesão ao enunciado repetido.

10. A repetição pode ocorrer em turnos não sucessivos, quando um dos parceiros destaca um enunciado pronunciado pelo outro, quer para recriá-lo mais adiante, quer, por vezes, para servir de base à produção de humor.

Autorrepetições

As autorrepetições são aquelas produzidas pelo mesmo falante, geralmente devido a exigências de ordem cognitivo-interacional, podendo, pois, ser orientadas quer para o próprio falante, quer para o interlocutor (ou, ainda, para ambos). No primeiro caso, têm por função ganhar tempo para o planejamento, assegurar a posse do turno ou, ainda, simplificar a tarefa de produção discursiva, ocorrendo, com frequência:

a. após um falso começo ou como preenchedoras de pausas:

(5) ... uma delas... uma de/ah uma das gêmeas... quer ser arquiteta... decoradora... então ela:: lê a respeito da futura profissão... ela quer saber as matérias que ela vai ter... o curso::... o segundo ciclo que ela pretende fazer... sabe?... (NURC/SP – D2 360: 1233-1238)

b. fazendo ponte a uma interrupção (por exemplo, após um pedido de esclarecimento do parceiro, bem como para segurar ou retomar o turno que o interlocutor tenta usurpar-lhe). Em (6), L2 vê-se obrigada a responder a pergunta de L1 (pelo princípio da relevância condicional), para depois retomar o turno, desenvolvendo a ideia em curso:

(6) L2 e agora o menino quer judô...
    L1 ele é menor?
    L2 ele é menor ele tem cinco anos... e além de natação ele quer judô também agora... (NURC/SP – D2 360:110-113)

Observe-se que, no exemplo acima, a resposta de L2 consiste, inicialmente, na repetição, agora com entonação assertiva, do enunciado de L1, recurso que ela utiliza para facilitar a produção discursiva da resposta, de modo a poder prosseguir no desenvolvimento do tópico.

As repetições orientadas para o interlocutor visam a segmentar o discurso para o devido processamento (ex. 7) ou, de modo geral, garantir a compreensão, como em (8):

(7) ... ora a maneira do homem pré-histórico era... Basicamente eu preciso comer... e eu preciso::... me defender dos animais e eu preciso me esquentar na medida do possível... certo? (NURC/ SP – EF 405:109-113)

(8) ... e eles viviam basicamente da coleta... eram caçadores... e viviam da coleta... isto levava a um tipo de vida nômade... (NURC/SP – EF 405:467-469)

c. para substituir ou reparar a formulação inicial, por exemplo, quanto à seleção lexical ou à estrutura, como em (9):

(9) ... e eu não tenho nenhuma tarde para mim porque a gente acumula quem trabalha fora acumula as coisas da ca::sa... e o trabalho feito fora... né? (NURC/SP – D2 360:113-116)

Há repetições que ocorrem em movimentos contíguos (estruturados como o segundo membro de um par adjacente, como se produzidos por falantes sucessivos), entre as quais se podem destacar:

1. As questões retóricas (em que o falante enuncia uma questão que ele mesmo se incumbe de responder):

(10) ... então que tipos de formas nós vamos reconhecer?... nós vamos reconhecer bisontes... ((vozes))... bisonte é o bisavô... do touro... tem o touro o búfalo:: e o bisonte MAIS lá em cima ainda... nós vamos reconhecer ahn:: cavalos... nós vamos reconhecer veados... — sem qualquer nível conotativo aí —... e algumas vezes MUITO poucas... alguma figura humana... (NURC/SP – EF 405:133-140)

2. Repetições confirmativas em que o falante simplesmente repete seu último enunciado ou, então, acentua uma palavra importante ou expande a ocorrência inicial, como é o caso em (11), em que L1 repete quatro vezes seu enunciado, fazendo "ouvidos moucos" aos argumentos do outro:

(11) L1... é... a grande tragédia pernambucana é olindense apaixonado ((riu))
L2 nada e quem não é apaixonado por Olinda? Pra ser apaixonado por Olinda não é preciso ser olindense L1 ((rindo)) é

a grande tragédia pernambucana
[
L2 basta beber água em Olinda
L1 é a grande tragédia
L2 eu sou apaixonado por Olinda
L1 é a grande tragédia pernambucana não tenha dúvida
(NURC/REC – D2 05:1356-1364)

Muitas vezes, a repetição tem a função de *enquadramento tópico* ("framing"), como se pode observar no exemplo abaixo, extraído do corpus do Projeto "Português Fundamental", coordenado em Lisboa por Fernanda Bacellar do Nascimento. Note-se, também, a poeticidade desse fragmento, em grande parte criada pela repetição (cf. Tannen, 1987, 1989):

(12) ... **e ele acabou por me contar toda a vida dele**... que era pastor... que tinha nascido no campo que nunca tinha saído do monte... que é as casas do monte... portanto as casas que ficam aí nos montes... nunca tinha saído de lá.... tinha vivido sempre no campo... mas que gostava de vez em quando ver... porque gostava de ver aquelas casas muito altas... e nunca tinha visto o mar... gostava muito de ver água... só que tinha visto era estes ribeiros que ele atravessava por aí... nunca tinha visto um rio... nunca tinha visto nada... tinha mesmo muita curiosidade em ver... **contava-me a vida dele**... que tinha muitas dificuldades... tinha três filhos...

Funções interacionais da repetição

São de extrema importância as funções interacionais da repetição. Maynard (1983) considera-a uma estratégia discursiva destinada não só a garantir a coerência, mas também a "comunhão fática" (Malinowski, 1923), bem como, ainda, ao estabelecimento de laços emotivos entre os participantes (ao que denomina "community") e à preservação das faces. Assim, para ela, a repetição é motivada tanto psicológica como socialmente. Segundo Tannen (1989), o uso da alorrepetição é um dos traços do que chama "high involvement style", servindo para completar ou suplementar as declarações do parceiro. Tannen afirma que a repetição, o diálogo e a "imagery" constituem "estratégias de envolvimento", que criam a identificação emocional entre os participantes da interação: a alorrepetição cria um sentido de identificação do "self" com o outro, através da identificação não só das ideias, como das respectivas posições ("stance"). Assim, com base na multidimensionalidade do discurso, Tannen postula que, no nível da mensagem, a repetição facilita o processo de produção, compreensão e conexão do discurso; e, no nível da metamensagem, contribui, de forma fundamental, nos processos interacionais. Ishikawa (1991), para quem a repetição é um signo icônico, também defende, como Tannen, a posição de que existe correspondência estreita (ligação direta) não apenas entre forma e significado, como também entre forma e função interacional. Segundo ela, a iconicidade é passível de ser encontrada em todos os níveis da língua, de modo que a repetição conversacional pode representar significados icônicos no nível discursivo, inclusive a forma como é construído o "self" em dada interação social ("iconicidade interacional"). Tomando como ponto de partida casos de reduplicação icônica no nível morfológico, mostra que muitas autorrepetições no nível discursivo desempenham funções semelhantes (intensificação, iteração, continuação). Já em se tratando de alorrepetições, o significado icônico no discurso adquire propriedades interacionais, visto ser a metamensagem parte do sentido do discurso. Assim, enquanto a reduplicação é um "diagrama" em que o signo se relaciona apenas com seu conteúdo semântico, a repetição conversacional é um "diagrama" em que o signo se relaciona simultaneamente com a mensagem e a metamensagem. A alorrepetição, que ocorre nos dados da autora o dobro das vezes da autorrepetição, intervém na construção conjunta de ideias ("joint idea construction"), ou seja, na criação da identificação do "self". Ela recorda que Ochs et al. (1979) haviam mostrado a frequência da alorrepetição na construção conjunta de proposições na interação adulto-criança, representando uma percepção conjunta do objeto. Os dados do autor confirmam que a alorrepetição pode criar um sentido de identificação dos "selfs", o que permite defender a inseparabilidade de linguagem e interação social.

Características peculiares da repetição no português brasileiro falado

A par de aspectos da repetição que se poderiam considerar "universais", na acepção de Koch & Oesterreicher (1990), por caracterizarem esse fenômeno no contexto global da interação linguística, podem-se verificar, com relação ao português brasileiro, características peculiares, talvez comuns a algumas outras línguas, mas, certamente, não à maioria delas.

Sem pretensões de exaustividade, irei proceder ao levantamento de algumas dessas particularidades.

Peculiaridades de ordem sintática

Os fatos sintáticos aqui descritos situam-se, na verdade, na interface sintaxe/discurso.

1. Um fenômeno característico do português, sobretudo falado, é a dupla negação, enfática, que aparece em covariação com a negação simples, feita com partícula negativa anteposta ao verbo (forma padrão) ou posposta ao verbo (variedade nordestina), em respostas negativas. Por exemplo:

(1) Quer um pedaço de bolo?
Não./ Não quero. (forma padrão) x Não quero não. (centro-sul-sudeste). x Quero não. (nordeste).

A dupla negação é um fenômeno geral em português, ou seja, é comum também na escrita, coocorrendo a partícula de negação com outras formas negativas, como *nada*, *ninguém*, como acontece também em algumas outras línguas, especialmente românicas:

(2) Não havia nada dentro do armário.
(3) Não entrou ninguém na loja.

Em estilo culto formal, teríamos:

(2') Nada havia dentro do armário.
(3') Ninguém entrou na loja.

2. Em perguntas "abertas", a resposta afirmativa faz-se

normalmente, em português, com a repetição do verbo da pergunta:

(4) Você gosta de viajar?
Gosto.

3. Respostas afirmativas a perguntas que contêm um quantificador universal, advérbio de frequência ou intensificador, podem ser feitas com a repetição deste elemento ou com a do verbo:

(5) Você viu tudo?
Tudo. (ou Vi.)
(6) Trabalhou muito hoje?
Muito. (ou Trabalhei.)
(7) Seu marido viaja sempre?
Sempre. (ou Viaja.)
(8) Ela vai pouco ao cinema?
Pouco./Bem pouco. (ou Vai.)

Respostas desse tipo são possíveis, também, quando se trata de confirmar uma negação expressa na pergunta (exs. 9 e 10) ou quando se quer restringir o significado do advérbio (ex. 11):

(9) O rapaz não conseguiu nada?
Nada. (ou Não.)
(10) O professor nunca sai aos domingos?
Nunca. (ou Não.)
(11) Sua mãe usa sempre roupa escura?
Nem sempre.

4. Caso interessante é a repetição, em repostas, da forma

verbal flexionada na 1ª pessoa do plural, referindo-se ao interlocutor (uso empático):

(12) Vamos (=você vai) comigo ao cinema?
Vamos. (=vou.)

5. Na variante coloquial, não padrão, ocorre, com certa frequência, a repetição pleonástica (enfática) do objeto indireto, quando este representa o destinatário ou o beneficiário da ação verbal:

(13) Me dá esse livro pra mim?
(14) Eu não te falei pra você?

Peculiaridades de ordem discursiva

Em interações face a face, o português falado apresenta algumas formas de autorrepetição peculiares, todas elas com a função de exprimir algum tipo de intensificação, como se pode verificar nos exemplos a seguir:

1. Repetição do verbo no final de interrogativas, isto é, como "tag", acompanhado de entonação característica, com funções interacionais que, em várias outras línguas, são expressas por meio de partículas:

(15) Era o carteiro, era? (pedido de confirmação)
(16) Quer um doce, quer? (empatia, sinceridade no oferecimento)
(17) Você me perdoa, perdoa? (insistência)
(18) Você não se ofendeu, ofendeu? (expectativa de resposta negativa)
(19) Você vem me ver, vem? (reforço de pedido)

(20) Você não pretende me desobedecer, pretende? (ameaça)

Com estes dois últimos sentidos, a repetição pode ocorrer, também, em enunciados não interrogativos:

(21) Fala assim comigo, fala!
(22) Vai abusando, vai...

Há, ainda, uma forma de repetição do verbo, acompanhado do item **mesmo**, com a função de exprimir dúvida a respeito de algo que o locutor considera difícil de acreditar (ex. 23) ou pedido de confirmação de algo que ele deseja intensamente (ex. 24):

(23) Você **leu leu** mesmo o livro inteiro para a prova?
(24) Você **gostou gostou** mesmo do presente?

Outro tipo peculiar de repetição consiste em reduplicar um item explícito ou implicitado no contexto imediatamente anterior – muitas vezes, o escopo de uma pergunta do interlocutor –, para recusar-lhe uma adequação semântica total; ou seja, como postula Castro (1994), a segunda ocorrência do item tem por função precisar (ou corrigir) o sentido com que foi empregada a primeira, ocorrendo, na maioria dos casos, em orações com ideia de negação (explícita ou implícita). Nesses casos, poder-se-ia estabelecer uma equivalência do elemento repetido com expressões como: *mesmo, de verdade, propriamente, no sentido próprio do termo, realmente, de fato* etc.

(25) Cedinho cedinho ninguém chega à Universidade.
        mesmo
        de verdade
(26) Erro erro não tinha nenhum.

　　　　　mesmo
　　　　　propriamente
(27) Bom bom só achei o último capítulo.
　　　　　de verdade
　　　　　realmente
(28) Almoçar almoçar não almocei ainda, só comi um sanduíche na cantina.
　　　　　propriamente
　　　　　de fato

Finalmente, existe ainda um uso bastante semelhante da repetição – geralmente de substantivos – em que a segunda ocorrência implica uma saliência semântica que a distingue da primeira, pois expressa o significado por excelência do termo que repete, isto é, seu significado tomado no mais alto grau de exatidão. Também aqui verifica-se a iconicidade diagramática de que se falou anteriormente.

(29) Estou com saudades de um café café. (isto é, de um verdadeiro café, de um café com gosto de café mesmo)
(30) Beba Leite Paulista. O leite leite. (anúncio publicitário)

Os aspectos aqui ilustrados permitem verificar a importância da repetição enquanto estratégia de criação linguística e de estruturação textual – e, mais particularmente, do texto falado. Ela constitui uma das provas mais concludentes da iconicidade na linguagem: o aumento da quantidade de formas aumenta a quantidade de sentidos, isto é, os sentidos são diagramaticamente icônicos.

Conclusão

Todas as reflexões aqui apresentadas vêm corroborar a postulação de que a repetição é constitutiva não só do texto falado, como da própria interação social, ou, como diz Tannen, da mensagem e da metamensagem, exercendo funções de grande relevância na compreensão, produção e conexão do discurso, bem como intervindo de forma decisiva nos processos interacionais. Isto é, como já foi dito e repetido, todo texto é um intertexto, já que se constrói através de já-ditos ou de "dizeres paralelos", isto é, através de repetições.

A repetição é particularmente constitutiva do discurso conversacional, no qual os parceiros, conjuntamente e passo a passo, constroem o texto, elaboram as ideias, criam, preservam e negociam as identidades, de tal forma que o texto, de maneira icônica, vai refletir essa atividade de coprodução.

A DINAMICIDADE DOS TÓPICOS NO TEXTO CONVERSACIONAL: DIGRESSÃO E COERÊNCIA

Neste capítulo, tratarei do fenômeno da digressão, com o intento de mostrar que as digressões, tão frequentes no texto conversacional, não só não tornam o texto incoerente, como ainda desempenham papel relevante na própria construção da coerência da conversação.

Tem-se postulado, com grande frequência, ser um dos requisitos da coerência de um texto que todos os seus enunciados sejam relevantes para o tópico em andamento (cf. Reinhart, 1980; Giora, 1985; Van Dijk, 1983, entre outros); e que, se não for este o caso, ou o texto não é coerente, ou ocorrem as chamadas "digressões"; e, ainda, que estas só não prejudicam a coerência quando vêm explicitamente introduzidas (e, muitas vezes, também encerradas) por um marcador característico ("bracketing device"), ou se, em não o sendo, podem ser facilmente detectadas como tais pelo interlocutor.

Este posicionamento decorre de duas convicções: a) a coerência é uma propriedade do texto; b) o tópico discursivo é algo estático, capaz de manter o mesmo em toda a extensão do texto. Isso leva a dizer que, no texto conversacional, são comuns as descontinuidades tópicas, podendo ocorrer rupturas mais ou menos sérias do tópico que está em curso. A ruptura provisória, com posterior retorno ao tópico interrompido, é que caracteriza a digressão.

Assim, segundo Dascal & Katriel (1979), a hipótese subjacente às diversas abordagens da digressão é que uma sequência conversacional é percebida e julgada como coerente quando cada um de seus enunciados é semanticamente, topicamente, pragmaticamente ou condicionalmente relevante para o enunciado imediatamente precedente ou subsequente. Portanto, a hipótese complementar a essa é que, não ocorrendo tal relação de relevância, a conversação será sentida e julgada como incoerente.

Dascal & Katriel rebelam-se contra essa posição, já que conversações em que ocorrem digressões de vários tipos são experienciadas pelos parceiros como eventos coerentes e não como "pastiches" verbais. As digressões permeiam toda e qualquer conversação, exercendo papéis definidos tanto na regulamentação como na sustentação da conversação, contribuindo para ela de modo substantivo e sendo, pois, extremamente importantes do ponto de vista interacional.

As digressões têm sido definidas na literatura como segmentos não relacionados topicamente com os materiais precedentes ou subsequentes, que estão, estes sim, relacionados entre si; isto é, na digressão o tópico em curso é provisoriamente abandonado e um novo tópico é introduzido, sendo, a seguir, por sua vez abandonado e substuído novamente pelo tópico anterior (esquema a/b/a). Tratar-se-ia, pois, de casos de descontinuidade tópica, devendo o tópico aqui ser entendido como porção textual que se caracteriza: a) pela centração, dada pela relevância local de um tema ou conjunto de referentes explícitos ou inferíveis, concernentes entre si; e b) pela organicidade, manifestada pela natureza das articulações que um tópico tem com outro na sequência discursiva, bem como pelas relações hierárquicas entre tópicos mais ou menos abrangentes. (Jubran et al., 1989)

Uma digressão implica, assim, a substituição do conjunto de relevâncias tópicas em dado ponto da mensagem por outro conjunto diferente. No entanto – e aí está a característica principal da digressão –, o tópico anterior e o conjunto de relevâncias a ele atrelado é apenas sustado, isto é, colocado à margem do campo de consciência, enquanto outro tópico, com seu conjunto próprio de relevâncias assume a posição focal. Isto é, o primeiro, com todo o seu conjunto de relevâncias, fica suspenso, posto entre parênteses, permanecendo, pois, marginalmente relevante, para depois retornar à posição focal. Daí a existência dos mecanismos de "parentetização", costumeiramente usados para delimitar uma digressão.

TIPOS DE DIGRESSÃO

Dascal & Katriel postulam a existência de três tipos de digressão: a) baseadas no enunciado; b) sequências inseridas; c) baseadas na interação.

No caso das digressões baseadas no enunciado, haveria alguma relação – de tipo semântico, associativo ou pragmático – entre o enunciado principal e o(s) digressivo(s): de tipo semântico, porque cada item lexical de um enunciado tem atrelado a si um conjunto próprio de relevâncias e o locutor pode fazer recair o conteúdo de seu enunciado sobre qualquer uma delas, ainda que, naquele contexto, não se trate de uma relevância focal; de tipo associativo, já que é sempre possível estabelecer relações paradigmáticas de qualquer espécie com elementos evocáveis a partir de um item lexical, uma construção ou mesmo todo o enunciado; e de tipo pragmático, visto que muitas vezes a digressão relaciona-se a uma implicatura do enunciado e não ao conteúdo nele explícito.

Os autores reconhecem, porém, que nem sempre é fácil distinguir, no conjunto de relevâncias, as principais e as marginais, visto que se trata apenas de uma questão de grau, isto é, algumas relevâncias são mais centrais que outras. Daí a dificuldade de distinguir as digressões das "quase digressões", nas quais ocorre um deslocamento em direção a relevâncias não centrais dentro do mesmo tópico: há enunciados que, embora relevantes para o tópico em desenvolvimento, soam como ligeiramente digressivos. É o que ocorre com exemplificações, justificativas, generalizações, certos tipos de comparação ou analogia etc., que, não sendo necessários para o desenvolvimento do tópico, constituem expansões deste: estão, de alguma forma, relacionados com o tópico principal, mas não como parte legítima de seu desenvolvimento temático, podendo vir a tornar-se verdadeiras digressões se o parceiro as tomar como tema e elaborar sobre elas.

As sequências inseridas são sequências corretivas ou classificatórias ("side sequences", segundo Jefferson, 1979), baseadas no ouvinte, isto é, constituem resposta a um enunciado anterior não compreendido ou não aceito integralmente pelo interlocutor. Realizam, geralmente, uma função metalinguística ou metaconversacional.

Já nas digressões baseadas na interação, o segmento inserido não mantém nenhuma relação com o tópico em curso: elas constituem resposta a alguma alteração imposta de fora à situação comunicativa (ruídos, elementos distrativos de qualquer espécie). Embora, do ponto de vista da continuidade tópica se apresentem como rupturas e, do ponto de vista informativo, como redundantes, elas não são disfuncionais para o fluxo geral da conversação, sendo experienciadas pelos parceiros como eventos coerentes. Elas funcionam numa dimensão diferente: visam a incorporar à conversação elementos externos que poderiam constituir ameaça

ao envolvimento dos parceiros. São, geralmente, introduzidas pelo locutor, para garantir o decurso normal da conversação pela reafirmação da disponibilidade dos interactantes. É a dimensão social, consensual, implícita da interação que está em jogo: ao mencionarem explicitamente aquilo que implicitamente ameaça a interação, os interlocutores constituem tal ameaça em elemento negociável na transação conversacional.
Observemos, abaixo, alguns exemplos, extraídos do corpus do Projeto NURC/SP:

1. Quase digressões

(1) L1 então a minha de onze anos... ela supervisiona o trabalho dos cinco... então ela vê se as gavetas estão em orde/... em ordem se o:: material escolar já foi re/arrumado para o dia seguinte... se nenhum::
[
L2 é
L1 fez... arte demais no banheiro... **porque às vezes estão tomando banho e ficam jogando água pela janela** quer dizer essa... é supervisora nata é assim... ah... toma conta... precocemente não? das:: atividades dos irmãos (NURC/SP – D2 360: 192-200)
(2) L2 ... tem que levantar tem que vestir os dois...
L1 são pequeninos né?
[
L2 e tenho que me vestir... porque ambos são pequenos... então eles não aceitam muito a pajem né para éh... **aliás não é pajem pajem é pajem e arrumadeira mas**
L1 ( )
L2 **quer dizer não é só não vive só em função deles mas de**

manhã... a única função dela é me ajudar com eles... mas eles não aceitam o menino porque... quer fazer tudo sozinho... no que eu procuro deixar... e a menina porque quer que seja a (mamãe) que faça né? Então sou eu que tenho que ir fazer etcetera etcetera... (NURC/SP – D2 360:300-311)

2. Baseadas no enunciado

(3) L1 é porque de noite... está vazia bem vazia não tem trânsito (mas)... é concreto com rua... asfalto... acabou né?... Lins por exemplo não é assim né? você tem tem um aspecto de::... de acho que parece bairro a cidade né? não tem movimento... éh:: chega seis sete horas
[[
L2 mas que
L1 todo mundo na rua... ah não sei... deve ter uns::...
L2 tamanho quantos habitantes tem lá?
L1 cinquenta cem mil...
L2 éh São Paulo acho assim **uma vez o Frank sabe aquele que... é arquiteto?**
L1 uhn...
L2 **ele estava falando que a topografia da cidade é muito bonita... e eu inclusive gosto né? cheio de... montes e:: né? colinas tal mas que é muito mal aproveitado bom (aí você vai entrar na na) área verde...** que quase não tem e tal
L1 isso é bem cidade grande né? (NURC/SP – D2 343:56-73)
(4) L1 então ela... tem muito bom gosto é uma menina ordeira... gosta de desenho... quer dizer que eu tenho a impressão... que não::... não a testei ainda... não é? ah::... ah ná/não a testei

com::... como:: normalmente se faz né? **submetê-la**... a::a uma psicóloga tudo o mais... mas... pelo que ela... diz e pelo que... como ela::... leva a vidinha dela talvez ela se encaminhe para isso... a não ser que haja outras aberturas **hoje eu estive vendo**... um livro... editado pelo::... Instituto Roberto Simonsen... vocês conhecem?... sobre as profissões NO estado de São Paulo... as profissões ah::: no segundo ciclo e terceiro ciclo... no terceiro as profissões de menos duração... aquelas mais rápidas não? que são as:: tecnológicas... então... diante disso eu:: vislumbrei outras... coisas... para aquele gosto dela não só arquitetura não é? então há outras modalidades que eu vou submeter a ela as ah::: o currículo exigido e tudo mais... mas... (NURC/SP – D2 360:1259-1277)

3. Sequências inseridas

(5) L1 ... ele gosta REalmente ele é vivo... bastante... mas é leVAdo demais sabe?... ele fica duas horas
[
L2 **bem normal um menino bem normal né?**
L1 **bem normal graças a Deus não é nenhum:: geniozinho assim... quieto... ele::...** passa horas... lendo... mas ele saiu dali toda a energia que ele acumulou ali naquele periodozinho que el/ em que ele leu... que:: geralmente não é pequeno esse período... ele sai ele... (NURC/SP – D2 360:1467-1475)

(6) L2 e agora o menino quer judô...
L1 **ele é menor?**
L2 **ele é menor ele tem cinco anos...** e além da natação ele quer judô também agora ... (NURC/SP – D2 360:110-113)

4. Baseadas na interação

(7) L2 tenho se bem que eu acho que eu conheço pouco a cidade né?... por exemplo se eu for comparar com...
L1 **você viu se está gravando direito aí?**
Doc. está está eu já deixo no automático
L1 **ah o automático não indica velo/...**
Doc. não... ((vozes distantes)) (NURC/SP – D2 343:10-16)

(8) L1 a Laura não se definiu tenho impressão
[
L2 ( )
L1 de que ela vai ser PROmotora...
L2 ah
L1 que ela vive acusando é aquela
L2 é aquela
L1 toma conta do pessoal ((risos)) **oh... agora ah:: nossa... foi além do que eu... imaginava...**
Doc. não::
L1 **o horário**
Doc. pode falar à vonta::de
L1 **ma/**
[
Doc. nós não temos horário
L1 **não por causa das crianças na escola ((risos))** agora a Estela vive dançando... ela quer ser bailarina... (NURC/SP – D2 360: 1373-1388)

ALGUMAS REFLEXÕES

Os exemplos aqui apresentados permitem verificar que as digressões não perturbam a coerência da conversação. E mais: elas, na verdade, ajudam a construí-la. As "quase digressões", como vimos, introduzem exemplos, explicações, generalizações, especificações etc., que auxiliam o interlocutor a compreender os enunciados do parceiro; as sequências inseridas intercalam-se entre dois segmentos tópicos para corrigir ou esclarecer pontos relevantes para a construção do sentido; as digressões baseadas na interação visam a impedir que fatores externos venham a perturbar o desenrolar normal da conversação, ou mesmo causar a sua interrupção e, para tanto, incorporam ao texto conversacional referências a tais fatores. Finalmente, as digressões baseadas no enunciado produzem um deslocamento tópico, introduzindo um novo conjunto de relevâncias, o que não impede, porém, que o conjunto de relevâncias atreladas ao tópico anterior (que foi, temporariamente, colocado entre parênteses) seja retomado a seguir. Mas, mesmo que assim não fosse, na maioria absoluta dos casos, o texto não deixaria de ser considerado coerente pelos interlocutores. Jubran et al., (1989) postulam, como vimos, que a organização tópica se dá em dois níveis interligados: o linear (horizontal) e o hierárquico (vertical), mostrando que, por vezes, segmentos que, no nível linear, são sentidos como digressivos, vêm a integrar-se, no nível vertical, em um quadro tópico hierarquicamente superior, dentro do qual deixam de ser digressivos, de modo que a coerência se reconstrói à medida que se sobe na hierarquia tópica: é justamente isso que ocorre, com frequência, com as digressões baseadas no enunciado.

Gostaria de ir ainda um pouco mais além. Se é verdade que as digressões não só não prejudicam a coerência, como também contribuem para estabelecê-la (já que a adoto a posição de que a coerência não é mera qualidade ou propriedade do texto, mas se constrói na interação entre o texto e seus usuários em cada situação concreta de interação), parece-me que, na realidade, não tem sentido falar em digressão conversacional: bastaria que se flexibilizasse a própria noção de tópico.

Para mim, o tópico conversacional é algo extremamente dinâmico, que se vai alterando ou deslocando a cada intervenção dos parceiros. O conjunto de relevâncias em foco em dado momento vai, paulatinamente, cedendo lugar a outros conjuntos de relevâncias, ligadas a aspectos antes marginais do tópico em desenvolvimento ou a novos conjuntos imencionáveis que vão sendo introduzidos a partir dos já existentes. Sendo a conversação uma atitude de coprodução discursiva (Marcuschi, 1986), nunca se pode prever com exatidão em que sentido o parceiro vai orientar a sua intervenção. É por isso que Franck (1980) refere a existência de encadeamentos fortemente ou fracamente coerentes: a contribuição é fortemente coerente quando seu aspecto significativo essencial se encadeia sobre o aspecto significativo essencial da contribuição anterior do parceiro; e é fracamente coerente quando seu aspecto significativo essencial se relaciona a um aspecto não essencial da contribuição anterior ou vice-versa. (cf. também a distinção de Brown & Yule, 1983, entre falar sobre o tópico e falar topicamente).

Ora, o que Dascal & Katriel chamam de digressões, baseadas no enunciado e por vezes de quase digressões (conforme vimos, não fica muito claro o limite entre ambas), não seriam, na verdade, segmentos digressivos, mas sim deslocamentos naturais e, muitas vezes, necessários, do tópico da conversação. As sequencias inseridas, por seu turno, nem chegam mesmo a alterar o andamento do tópico em curso, já que visam justamente a clarificar ou corrigir algo que, do contrário, poderia prejudicar a intercompreensão, fazendo, pois, com que a conversação progrida do modo desejado.

Finalmente, as digressões baseadas na interação servem, como bem mostram Dascal & Katriel, para incorporar ao enunciado o material externo responsável por distúrbios que poderiam prejudicar a própria continuidade da interação. Neste sentido, seu principal objetivo é impedir que a conversação seja interrompida e garantir que o tópico em curso continue a ser desenvolvido.

Tudo o que aqui foi dito me leva a questionar as duas convicções mencionadas no início deste capítulo, responsáveis pela maneira como, até agora, se tem caracterizado as digressões. Primeiro: a coerência não está apenas no texto, mas resulta de uma construção dos parceiros na situação interativa. Segundo: na conversação espontânea, o tópico é algo dinâmico, em constante mutação, resultante de deslocamentos, operados pelos parceiros, de relevâncias "centrais" para relevâncias "marginais" ou de determinados conjuntos de relevâncias para outros, devido à introdução de novos mencionáveis na conversação, a partir de outros já existentes, ou de qualquer tipo de associação ou de alguma implicatura do(s) enunciado(s) anterior(es). O interesse dos parceiros em que a conversação flua é muitas vezes responsável pela introdução de segmentos aparentemente "digressivos", mas que são derivados do próprio modo como o tópico está sendo desenvolvido ou da situação interativa com tal e, portanto, incorporados ao texto conversacional para garantir-lhe a coerência.

BIBLIOGRAFIA

AUTHIER, J. "Paroles tenues à distance" In: *Materialités discursives*. Presses Universitaires de Lille, 1981.
AUTHIER-RÉVUZ, J. "Hétérogeneité montrée et hétérogeneité constitutive: élements pour une approche de l'autre dans le discours". *DRLAV 26*, Paris, 1982: 91-151.
BAKHTIN, M. *Marxismo e Filosofia da Linguagem*. Trad. bras. São Paulo: Hucitec, 2ª ed, 1981 (original russo: 1929)
BARTHES, R. Verbete "Texte". *Encyclopaedia Universalis*, 1974.
BEAUGRAND, Robert de; DRESSLER, Wolfgang U. *Einführung in die Textlinguistik*. Tübingen, Niemeyer, 1981.
BERRENDONNER, A. *Éléments de linguistique pragmatique*. Paris: Minuit, 1981.
BLASCO, M. "Dislocation et thematisation en français parlé". *Recherches sur le français parlé* 13, Aix-Marseille: Publications de l'Université de Provence, 1995: 45-65.
BRAGA, M.L. "As sentenças clivadas no português falado no Rio de Janeiro". *Organon 18*, Porto Alegre: UFRS, 1991:109-125.
CALLOU, D.; MORAES, J.; LEITE, Y.; KATO, M. et alii. "Topicalização e deslocamento à esquerda: sintaxe e prosódia". In: CASTILHO, A.T. (org.).

Gramática do Português Falado, vol. III: As abordagens. Campinas: Edunicamp/ Fapesp, 1993: 315-362.

CALLOU, D. (org.). *A linguagem falada culta na cidade do Rio de Janeiro: elocuções formais*. Rio de Janeiro: UFRJ, 1991.

_____. & C.R. LOPES (orgs.). *A linguagem falada culta na cidade do Rio de Janeiro: diálogos entre informante e documentador*. Rio de Janeiro: UFRJ/CAPES, 1993.

_____. (orgs.). *A linguagem falada culta na cidade do Rio de Janeiro: diálogos entre dois informantes*. Rio de Janeiro: UFRJ/CAPES, 1994.

CASTILHO, A.T. & PRETI, D. *A linguagem falada culta na cidade de São Paulo. vol. 1: Elocuções formais*. São Paulo: T.A. Queiroz/Fapesp, 1986.

_____. *A linguagem culta falada na cidade de São Paulo. vol. 2: Diálogos entre dois informantes*. São Paulo: T.A. Queiroz/Fapesp, 1987.

CASTILHO, A.T. de (org.). *Gramática do português Falado vol. I*. Campinas: Edunicamp/Fapesp, 1990.

_____. *Gramática do Português Falado vol. II*. Campinas: Edunicamp/Fapesp, 1993.

_____. & M. BASÍLIO (orgs.). *Gramática do Português Falado vol. IV.* Campinas: Edunicamp/Fapesp, 1996.

CASTRO, V.S. "Um caso de repetição no português". *Cadernos de Estudos Linguísticos* 24: 85-101.

CHAFE, W. Cognitive constraints on information flow. In: TOMLIN R. S. (ed.) *Coherence and grounding in discourse*. Amsterdã: John Benjamins, 1987.

CHAROLLES, M. "Coherence as a principie of the interpretability of discourse". *Text* 3(1), 1983: 71-98.

DANES, F. "Order of elements and sentence intonation". In: *To honor Roman Jakobson I*. Haia: Mouron, 1967: 499-512.

_____. (ed.). *Papers on Functional Sentence Perspective*. Praga: The Hague, 1974.

DASCAL, M. & T. Karriel "Digressions: a study in conversational coherence". In: J. PETÖFI (ed.). *Text vs. Sentence*, vol. 26, 1979: 76-95.

DUCROT, O. *Les mots du discours*. Paris: Minuit, 1980.

_____. *Le dire et le dit*. Paris: Minuit, 1984.

EHLICH, K. "Anaphora and deixis: same, similar, or different?". In: JARVELLA, R. J. & W. KLEIN (eds.). *Speech, place, and action*. Chichester: John Willey & Sons, 1981.

FRANCK, D. "Sentenças em turnos conversacionais: um caso de 'double-bind' sintático". *Cadernos de Estudos Linguísticos* 11, IEL-Unicamp, 1986: 9-20.

_____. *Grammatik und Konversation*. Könnigstein: Scriptor, 1980.

FRASSON, R.M.D. A intertextualidade como recurso de argumentação. Dissertação de mestrado, Universidade Federal de Santa Maria, 1991.

GIBBS, R.W. Jr. "Understanding non-literal discourse". *Text* 2(1/3), 1982: 9-27.

GIORA, R. "Notes towards a theory of text coherence", *Poetics today* 6(4), 1985: 699-715.

GOFFMAN, E. *Forms of talk*. Filadélfia: University of Pennsylvania Press, 1981.

GRÉSILLON, A. & MAINGUENEAU, D. "Polyphonie, proverbe et détournement". *Langages 73*. Paris: Larousse, 1984, 112-125.

GRICE, H.P. "Logic and conversation". In: P. COLE & J.L. MORGAN (orgs.) *Syntax and Semantics 3: Speech Acts*. Nova York: Academic Press, 1975.

GÜLICH, E. & J. KOTSCHI. "Reformulierungshandlungen als Mittel der Textkonstitution". In: W. Motsch (ed.). *Satz, Text, Sprachliche Handlung*. Berlim: Akademie Verlag, 1985.

HALLIDAY, M.A.K. & R. HASAN. *Cohesion in spoken and written English*. Londres: Longman, 1976.

HALLIDAY, M.A.K. "Spoken and written modes of meaning". In: R.HOROWITZ & S.J. SAMUELS (eds.) *Comprehending oral and written language*. São Diego: Academic Press, 1987.

HEINEMANN, W. & D. VIEHWEGER. *Textlinguistik – Eine Einführung*. Tübingen: Niemeyer, 1991.

HILGERT, J.G. "Esboço de uma fundamentação teórica para o estudo das atividades de formulação textual". In: A.T. CASTILHO & M. BASÍLIO, *Gramática do Português Falado, vol. III*. Edunicamp, 1996.

HUPET, M. & COSTERMANS, J. "A functional approach of language processing". In: Le NY & Kintsch (eds.), *Language and comprehension*, Amsterdã: North-Holland, 1982.

ILARI, R. *Perspectiva Funcional da Frase Portuguesa*. Campinas: Edunicamp, 2ª ed. revista, 1991.

_____. (org.). *Gramática do Português Falado, vol. II*. Campinas: Edunicamp/ Fapesp, 1992.

ISENBERG, H. "Einige Begriffe für eine Linguistische Texttheorie". In: F. DANES & D. VIEHWEGER, *Probleme der Textgrammatik*. Berlim: Akademie Verlag, 1975.

ISHIKAWA, M. "Iconicity in discourse: The case of repetition". *Text* 11(4), 1991: 553-580.

JEFFERSON, G. "Side sequences". In: D. SUDNOW (ed.). *Studies in social interaction*, Nova York: Free Press, 1972:294-338.

JENNY, L. "A estratégia da forma". (trad. bras.) In: *Intertextualidades*. Coimbra: Almedina, 1979.

JOHNSTON, B. Na Introduction. *Text* 7(3), 1987: 205-214.

JUBRAN, C.C.S. et alii. "A organização tópica da conversação". In. R. ILARI (org.). *Gramática do Português Falado, vol. II*, 1992.

KATO, M. "O estatuto sintático e semântico da noção de tópico no português do Brasil". Conferência proferida em concurso para Professor Titular. Campinas, Unicamp, 1989 (mimeo).

KATO, M. (org.). *Gramática do Português Falado, vol. V.* Campinas: Edunicamp/ Fapesp, 1996.

_____. "Sujeito e tópico: duas categorias em sintaxe?" *Cadernos de Estudos Linguísticos* 17, IEL-Unicamp, 1989.

KOCH, I.G.V. "Markierte Topik-Konstruktionen in Brasilianischen Portugiesich". *Folia Linguistica* XXVI/1-2, 1992: 65-74.

_____. "A atividade de produção textual". *Cadernos de Estudos Linguísticos* 24, IEL, 1993: 65-74.

_____. "A produção de inferências e sua contribuição na construção do sentido". *DELTA, vol. 9*, especial, 1993: 399-416.

_____. "Coesão e coerência: verso e reverso". In: *Morphé* 9/10, Universidad Autónoma de Puebla, 1994:309-320.

_____. "Funções retóricas e interativas da repetição". In: *Boletim da ABRALIN* 15, 1994:153-158.

_____. "Funções discursivas da repetição". In: *Anais do I Seminário Interamericano de Analistas do Discurso*. Caracas, 1995 (no prelo).

_____. "O funcionamento polifônico da argumentação". In: *Investigações*, n. 4, Universidade Federal de Pernambuco, 1994:31-36.

_____. "Peculiaridades da repetição no português brasileiro falado". In: *Anais do XXI Congresso Internazionale di Linguistica e Filologia Romanza* (aceito para publicação).

_____. "Dificuldades na leitura/produção de textos: os conectores interfrásticos". In: M. KIRST & E. CLEMENTE (orgs.). *Linguística Aplicada ao Ensino do Português*. Porto Alegre: Mercado Aberro, 1987: 83-98.

_____. "O texto: construção de sentidos". *Organon 23*, Porto Alegre, 1996:19-26.

_____. "Cognição e processamento textual". *Revista da ANPOLL* 2, 1966: 35-44.

_____. "O texto e a (inevitável) presença do outro". *Letras* 14, UFSM, 1998: 107-124.

_____. *Argumentação e Linguagem*. São Paulo: Cortez, 1984.

_____. et alii. "Aspectos do processamento do fluxo de informação no discurso oral dialogado". In: CASTILHO, A. T. (org.). *Gramática do Português Falado, vol. 1: A Ordem*. Campinas: Edunicamp/Fapesp, 1990: 143-184.

_____. & SILVA, M. C. P. de Souza e. "Atividades de composição do texto falado: a elocução formal". In: CASTILHO, A. T. & M. BASÍLIO (orgs.). *Gramática do Português Falado, vol. IV*, 1996.

_____. "Estratégias de desaceleração do texto falado". In: M.KATO (org.). *Gramática do Português Falado, vol. V*, 1996.

_____. "A repetição como mecanismo estruturador do texto falado". In: I.G.V. KOCH & B. SCHLIEBEN-LANGE (orgs.). *Linguistik in Brasilien*. Tübingen: Niemeyer, no prelo.

_____. *A inter-ação pela linguagem*. São Paulo, Contexto, 1992.

_____. "Segmentação: uma estratégia de construção do texto falado." In: NEVES, M.H.M. (org.) *Gramática do Português falado, vol. VII*, Campinas: Edunicamp/Humanitas, 1999:29-52.

_____. *A coesão textual*. São Paulo: Contexto, 1989.

_____. & L.C. TRAVAGLIA. *Texto e coerência*. São Paulo: Cortez, 1989.

KOCH, I.G.V. & TRAVAGLIA, L.C. *A coerência textual*. São Paulo: Contexto, 1990.

KOCH, P & OESTERREICHER, W. *Gesprochene Sprache in der Romania*: *Französich, Italienisch, Spanisch*. Tübingen: Niemeyer, 1990.

LAMBRECHT, K. *Topic, Antitopic, and Verb-Agreement in Non-standard French*. Amsterdã: Benjamins, 1981.

LÈBRE, M. *L'écoute-analyse des documents sonores et leur utilisation en classe de langue*. Thèse Nouveau Régime, Paris III, Sorbonne Nouvelle, 1987.

LEONT'EV, A.A. *Sprache – Sprechen – Sprechtätigheit*. Stuttgart: Kohlhammer, 1971.

_____. *Osnovy teorii recevoj dejatel'nosti*. Moscou: Nauka, 1974.

MAINGUENEAU, D. *Introduction aux méthodes de l'Analyse du Discours*. Paris:Hachette, 1976.

_____. *Novas Tendências em Análise do Discurso* (trad. bras.). Campinas: Pontes, 1989.

MARCUS, S. "Diplomatic Communication". In: L.VAINA & J. HINTIKKA (org.). *Cognitive constraints on communication*. Dordrecht: Reidel, 1985.

MARCUSCHI, L. A. "Contextualização e explicitude na fala e na escrita", 1995 (mimeo).

_____. *Linguística de Texto: o que é e como se faz*. Recife: Universidade Federal de Pernambuco, 1983.

_____. *Análise da Conversação*. São Paulo: Ática, 1986.

_____. *Oralidade e escrita*. 1995, (mimeo).

MATEUS, M. et al. *Gramática da Língua Portuguesa*. Coimbra: Almedina, 1983.

MOTSCH, Wolfgang. "Pasch, Renate. Illokutive Handlungen". In: Motsch, W (org.). *Satz, Text, Sprachliche Handlung*. Berlim: Akademie Verlag. 1987.

NASCIMENTO, M. *Prolegômenos à Gramática do Português Falado*. (mimeo)

NORRIS, N.R. "Functions of repetition in conversation". *Text* 7(3), 1987: 246-264.

NYSTRAND, M. & J. WIEMELT "When is a text explicit? Formalist and dialogical conceptions". *Text 11*, 1991:25-41.

PÊCHEUX, M. *Analyse automatique du discours*. Paris: Dunod, 1969.

PONTES, E. *O tópico no português do Brasil*. Campinas: Pontes, 1987.

PRETI, D. & URBANO, H. *A linguagem falada culta na cidade de São Paulo. vol. III: Entrevistas*. São Paulo: T.A.Queiroz/Fapesp, 1988.

REINHART, T "Pragmatics and Linguistics: an analysis of sentence topics". *Philosophica* 27, 1981 (1): 53-94.

RIKHEIT, G. & H. STROHNER (eds.). *Inferences in text processing*. Amsterdã: North-Holland, 1985.

SANT'ANNA, Affonso R. de. *Paródia, Paráfrase & Cia*. São Paulo: Ática, Série Princípios, 1985.

SEREBRENNIKOV, B. A. *Allgemeine Sprachwissenschaft*. Munique: Fink, 1973.

SCHMIDT, S. J. *Texttheorie. Probleme der sprachlichen Kommunikation*. Munique: Fink, 1973.

TANNEN, D. "Repetition in conversation as spontaneous fomulaicity". *Text* 7(3), 1987:215-243.

_____. *Talking voices: repetition, dialogue, and imagery in conversational discourse*. Cambridge: Cambridge University Press, 1989.

VAN DIJK, T.A. *Text and context: explorations in the semantics and pragmatics of discourse*. Londres: Longman, 2ª ed., 1982.

_____. *La Ciencia del Texto*. Barcelona: Paidós, 1983.

_____. "Modelos na memória – o papel das representações da situação no processamento do discurso". In: *Cognição, discurso e interação*. São Paulo, Contexto, 1992.

_____. *Studies in the pragmatics of discourse*. Berlim: Mouton, 1981.

VAN DIJK, T.A. & W. Kintsch. *Strategies of discourse comprehension*. Nova Iorque: Academic Press, 1983.

VERÓN, E. *A produção do sentido*. (trad. bras.). São Paulo: Cultrix, 1980.

VILELA, M.; KOCH, I.G.V. *Gramática da Língua Portuguesa*. Coimbra: Almedina, 2001.

VOGT, C.A. *O intervalo semântico*. São Paulo: Ática, 1977.

_____. *Linguagem, pragmática, ideologia*. São Paulo: Hucitec, 1980.

WEBBER, B.L. "Syntax beyond the sentence: Anaphora". In: SPIRO, BRUCE & BREWER (org.) *Theoretical issues in reading comprehension*. Hillsdale: LEA, 1980:141-164.

WEINRICH, H. *Tempus: besprochene und erzählte Welt*. Stuttgart: Klett, 1964.

WUNDERLICH, D. *Studien zur Sprechakt Theorie*. Frankfurt: Suhrkamp, 1978.

A AUTORA NO CONTEXTO

Ingedore Grunfeld Villaça Koch nasceu na Alemanha e veio para o Brasil com quatro anos de idade. Adotou o Brasil como pátria, naturalizando-se brasileira. Formou-se em Direito pela USP e, mais tarde, obteve licenciatura plena em Letras. Foi professora de ensino fundamental no Externato Ofélia Fonseca e de Língua Portuguesa e Técnica e Metodologia de Redação em Português na Logos-Escola de ensino médio.

É mestre e doutora em Ciências Humanas: Língua Portuguesa pela PUC/SP. Foi professora do Departamento de Português dessa universidade, tendo lecionado nos cursos de Língua e Literatura Portuguesas, Língua e Literatura Inglesas – opção Tradutor, Secretariado Executivo Bilíngue e Jornalismo. Foi coordenadora do curso de Jornalismo e membro da comissão didática do curso de Língua e Literatura Inglesas.

Publicou pela Editora Contexto as seguintes obras: *A Coesão Textual*, *A Coerência Textual* (em coautoria com Luiz Carlos Travaglia), *Inter-ação pela Linguagem* e *O Texto e a Construção dos Sentidos*. É de sua autoria também: *Gramática do Português Falado*: Vol. VI – Desenvolvimentos; *Texto e Coerência* – (em coautoria com Luiz C. Travaglia); *Desvendando os Segredos do Texto*; *Linguística Aplicada ao Português* (em coautoria com Maria Cecília Pérez de

Souza e Silva); *Morfologia e Linguística Aplicada ao Português*: Sintaxe (em coautoria com Maria Cecília Pérez de Souza e Silva); *Linguística Textual*: Introdução (em coautoria com Leonor Lopes Fávero); *Argumentação e Linguagem*.

Atualmente, é professora titular do Departamento de Linguística do IEL/Unicamp, em cujos cursos de graduação e pós-graduação trabalha com Linguística Textual.